风痕
SOUL WIND

愚夫诗歌新选
YU FU POETRY NEW COLLECTION

祁寿星
Shouxing Qi

缪斯国际文化出版社
WingsAsClouds Press
An Imprint of Muse International Press
Southington, Connecticut, USA

版权所有：愚夫（2014年）
COPYRIGHT©2014 YU FU (SHOUXING QI)

ALL RIGHTS RESERVED
NO PART OF THIS WORK MAY BE REPRODUCED OR TRANSMITTED IN ANY FORM OR BY ANY MEANS, ELECTRONIC OR MECHANICAL, INCLUDING PHOTOCOPYING AND RECORDING, OR BY ANY INFORMATION STORAGE OR RETRIEVAL SYSTEM WITHOUT THE PRIOR WRITTEN PERMISSION OF THE COPYRIGHT OWNER.

PUBLISHED IN THE UNITED STATES OF AMERICA BY
WINGSASCLOUDS PRESS
AN IMPRINT OF MUSE INTERNATIONAL PRESS
SOUTHINGTON, CONNECTICUT, U.S.A.

ISBN-13: 978-0-9838753-9-0
ISBN-10: 0983875391

LIBRARY OF CONGRESS CONTROL NUMBER: 2014914488

风痕 SOUL WIND

著者：	愚夫（祁寿星）
责任编辑：	艾米丽·陈
封面设计：	夏冰
出版：	缪斯国际文化出版社(美国)
发行：	亚马逊（WWW.AMAZON.COM）全球发行
出版日期：	2014年9月30日
总页数：	254
开本：	5.25英寸 X 8英寸
字数：	118千
书号：	ISBN-13: 978-0-9838753-9-0
	ISBN-10: 0983875391
国会图书馆控制号：	2014914488
印刷：	亚马逊（WWW.AMAZON.COM）第一次印刷
定价：	$10.15（美元），¥42.95（人民币）

序言

　　愚夫是祁寿星先生的笔名,他与我同姓,至于他与我是不是同宗同源的兄弟,这还有待于今后去认真考证。不过,在此之前,我却与愚夫先生素不相识,甚至从未谋面。只是听说,我国诗坛上近几年有一位叫愚夫的诗人非常活跃。但是,中国诗坛的诗人可谓是浩若繁星,我不可能对每一位诗人都去做一番了解。所以,愚夫先生也就并没有引起我的关注。

　　今年五月下旬,我应世界汉诗协会的邀请,作为嘉宾出席世界汉诗协会 2014 年工作年会。在世界汉诗协会授予的"2013 年度百佳诗人"的名单中,我看到了一位与我同姓的诗人,出于对同姓诗人的好奇,我查阅了他的个人资料,这才知道,原来这位与我同姓的诗人就是愚夫先生。于是,我才以极大地热情认真阅读了愚夫先生的一些诗作。

　　作为诗人,愚夫先生可以说是大器晚成。尽管,他自幼就受到爷爷在诗词方面极好的薰陶,再加上他本人在诗词上所具有的与生俱来的天赋,本可以早早就大有作为的,可命运偏偏将他的小船早早地搁浅在文学的沙滩上。对于这个话题,我不便在此做过多地渲染,只要我们认真地拜读一下愚夫先生的诗作,从中便可略知一二。总之,一个人是很难与自己的命运抗争的,无数历史人物的悲剧足以证明这一点。

然而，命运在愚夫先生接近晚年时却又眷顾了他。自2008年开始，愚夫先生尝试着诗词创作。从此，他的诗词创作如同喷涌而出，一发不可收。短短几年，竟然创作出千余首诗词，并且出版了四本个人诗词集。这些骄人的成绩，让我这个所谓的专业诗人也无不感到汗颜。当然，愚夫先生今天所取得的成就，绝非仅仅靠着天赋就能轻而易举地获得，他为此所付出的努力以及这其中的甘苦也只有他自己知道吧。

承蒙愚夫先生的厚爱，在他即将出版这本诗词集时，恳请我为他的新作写序，盛情难却，写就写吧。可是，当我真正开始写时，却不知该如何下笔了。因为，愚夫先生的诗词洋洋洒洒，涉及的范围又十分广泛。而且，他创作的诗词取向不尽相同，论题材：有的是对理想的追求，有的是描写山水田园，有的是歌颂永恒的爱情……；论风格：有的是豪放悲壮，有的是沉郁顿挫……。黑格尔说得好："诗的艺术是心灵的普遍艺术。"愚夫先生的作品，无论是格律诗词还是现代诗歌，无不透着明快清新的格调，内心的审美与语言的包装都达到了完美的融汇。他在他的诗词中，既大胆率真地宣泄着自己隐秘的情感世界，又把这种原始的情感宣泄升华为文学艺术，这是十分可贵的。这些优秀的诗词正如一朵朵姹紫嫣红的花儿，共同组成了无边的春色，让人目不暇接。

当我来到了愚夫先生的诗词大观园，我不愿意当一名导游而在读者的面前喋喋不休，我更愿意作为一名向导，把广大读者引入这绚丽多彩的诗词世界,让读者亲手采撷那一朵朵幽香扑鼻的花朵,去感受其中的无限美好,这就是我写此作的所有本意。祝福愚夫先生,期待他创作出更多的精品!

祁人

2014年7月于北京

目录

序　祁人　3

现代诗歌

风的消息　12
启航　14
沿着风的足迹　15
遥望穆凌河　16
为燃烧的激情干杯！　17
疲惫的女人和幸福的
　　男人　18
梦游梅花山　19
欢呼你，中国
　　"辽宁号"！　20
中国梦　22
老子经　25
临别祷告　27
人生需要一场梦想　28
梅岭情怀　29
秦淮诗韵　30
我等的那只燕子　31
只有泪，点点滴滴　33
诗人的愤怒　34
老愚自讽　35

两会代表赞　37
雷锋，你在哪里？　39
诱惑　42
献给天下所有的妈妈　43
3月8日的悲怆　44
燃烧生命的烈焰　46
十五的月亮　48
别离开　50
别再喋喋不休　51
速写　52
献给和平的歌者　54
爱，无需说出你的
　　秘密　55
泪，只为她流　56
值不值得把爱献给他　57
春光的痕迹　58
那个羞涩的年代　60
这恼人的春风　61
谁之罪　62
清明之殇　64

一首尘封的诗歌　65
让回忆的温度渐渐
　　变冷　66
同学聚会　67
同学重逢　68
叹春　69
今夜，你不会把我
　　挽留　70
兴化千岛菜花风景区　71
萌动，早已逝去　73
该死的淡忘　74
一个难忘的夜　75
Cigarette 的魅力　76
Cigarette，我的爱　77
我梦中的青鸟　78
挣脱　79
幸福的乐章　80
一起走过人生绚烂的
　　季节　81
台湾行前罗湖小憩　82
一声汽笛　一片空茫　83
故乡时刻在我心中　84
儿行千里　母在心中　85
日月潭的情绪　86
夜游高雄爱河　87
台湾行过深圳
　　赠子豪弟　88
我曾经爱过你……　90
荧屏前的心情　91
为爱歌唱　92
唯有爱，埋在
　　我的心里！　95

今夜，我就要离去　95
一张泛黄的结婚照　96
月光下的聆听　99
雨夜情长　100
水手　101
这恼人的短信　102
爱的坚守　103
退休来临前的抒怀　104
答友人　105
乌衣巷　106
友谊的背叛和背叛
　　的友谊　108
黑夜里的天使　110
一盏小灯　111
男人，女人，梦　113
复活　114
最后　115
手机　116
心灵的冬季　117
大沙河的紫金花　118
诗人　119
赏相册中的一朵小花　121
一只蜂的绝唱　122
一张照片　123
真情告白　125
背影　126
依然还是你　127
我来了　128
写进小诗里　129
晨夏荷池　130
儿时的盛夏　130
阳山碑材与坟头村　133

孤独中的甜蜜　134
拜谒孙中山陵寝　135
旅途　136
我来了，美丽的赤峰　137
夏日的沉醉　139
沉默吧，永远　141
是谁抹去我心中的
　故乡　142
分别　144
蜕变　145
七夕泪作　146

格律诗词

沁园春・赞青奥会　148
诉衷情・赞青奥中
　的纪检　149
鹧鸪天・青奥中
　的纪检　150
七律・勤廉青奥　151
念奴娇・秦淮今夜
　明月　152
鹊桥仙・青奥新风　153
满江红・青奥新歌　154
捣练子・金陵今夜
　无眠　155
采桑子・球场战犹酣　156
西江月・青奥抒怀　157
七律・痛MH370航班
　失联　158
七绝・普觉寺扫墓泪笔
　二首　159
水调歌头・激情青奥　160
永遇乐・盛赞青奥会　161
七律・兴化千岛菜花
　风景区　162
醉花阴・贺大陆诗人
　交流团赴台　163
七绝・香港浅水湾
　二首　164
七绝・香港海洋公园
　二首　165
七绝・香港会展中心　166
七绝・金紫荆广场
　二首　167
七绝・香港太平山顶
　二首　168
临江仙・士林官邸　169
行香子・中正纪念堂前的
　怀想　170
七律・台北故宫
　博物院　171
七律・台湾101大楼　172
点绛唇・太鲁阁国家
　公园　173

忆江南·日月潭二首　173
七绝·燕子口二首　175
七律·登格鲁岛　176
生查子·九曲洞　177
七绝·玄光寺二首　178
苏幕遮·阳明山
　　风景区　179
七绝·溪头森林游乐园
　　二首　180
浣溪沙·士林夜市　181
石州慢·阿里山　182
谒金门·游六合夜市　183
醉花阴·游西子湾　184
秦楼月·打狗英国
　　领事馆　185
如梦令·垦丁公园　186
念奴娇·知本温泉　187
太常引·珊瑚展示
　　中心　188
七绝·水往上流　189
七律·北回归线
　　纪念碑　190
虞美人·大理岩峡谷　191
捣练子·野柳地质
　　公园　192
行香子·中正纪念堂　193
七律·台湾行与
　　诗友别　194
七绝·垂钓归来与
　　静夜愁吟二首　195
七绝·自勉篇　196

七律·九台鬼才边台
　　医手　197
七律·柴桑诗半仙一竹
　　文斋　198
七律·长安野老返老
　　还童　199
七律·邯郸诗杰枫叶
　　夕照　200
七律·亦贤亦佛清风有韵
　　花满枝　201
五绝·岁月叹歌二首　202
五绝·台湾行思母
　　之作　203
诉衷情·感母恩二首　204
七律·安丘贤士
　　凌川由子　205
七律·胶东才子清风　206
七律·傲视群芳美国
　　风中秋叶　207
踏莎行·金陵旧宫
　　怀古　208
七绝·题戴笠墓二首　209
七绝·与美返国省亲弟泛
　　舟玄武湖二首　210
七绝·矶头夕照二首　211
七律·是夜与友酒馆小聚
　　醉吟　212
七律·拥军先生　213
七绝·江南野老怨雨
　　寄情二首　214
水调歌头·诗词的
　　落寞　215

七律·洪灾感怀 216
七绝·残秋怀想曲
　二首 217
风流子·魂断艳柔乡 218
谢池春·六．一儿童节
　怅望 219
七律·泪祭屈原 220
水调歌头·咏无名
　小花 221
七绝·入中华诗词学会
　感赋二首 222
七律·《世界汉诗》创刊
　十周年感怀 223
忆秦娥·建党九十三周年
　感慨 224
七绝·建党九十三周年
　感怀 225
七律·建党九十三周年
　感赋 226
江楼令·足球世界杯赛
　感怀 227
沁园春·寻芳 228
七律·晨练小吟 229
醉落魄·巴西足球
　世界杯赛 230
七绝·听夜雨二首 231
七绝·获"百佳诗人"
　感怀二首 232

蝶恋花·赞相中人 233
满江红·赏花奇想 234
十六字令·六月六
　三首 235
七绝·老夫乐二首 236
满江红·卢沟桥事变
　感赋 237
相思儿令·心弦 238
五律·闲中吟 239
七绝·雨中莫愁湖
　杂兴二首 240
南风令·金陵怀古 241
七律·高密之歌 242
七律·八一建军节
　感赋 243
谒金门·晨练心曲 244
七律·八一建军节
　感怀 245
瑞云浓·我还是我 246
诉衷情·梦亦悲哀 247
极相思·谁会聆听 248
定西番·花非花 249
七绝·赠牛黄先生
　二首 250
七律·月季赞 251
鹧鸪天·赠画家
　陈开平 252

诗人简介 253

现代诗歌

风的消息

风的消息,吹来了你的故事
我真的可以听见
那有关于你的缕缕丝丝
我默默无语
却神情痴痴

夜空洒满了银色的月光
听,忧郁的歌声在耳边唱响
一位富有才情的美丽姑娘
正倚靠在遥远寂寞的窗台

可爱的天使啊
当整个世界惊愕地望着
你那沉郁的忧伤
也会伴着你深情地合唱

我倾听着远处椰林的喧哗
和那美丽姑娘忧郁的歌唱
孤独的我,在月光下
心中升起了未来的希望

风的消息,吹来了你的故事
我真的可以嗅到
那半空中飘舞的流香

我嗅出,这流香飘自于
那让我魂牵梦绕的
美丽的大沙河

2014-02-10

启航

怎能说你我太遥远,
遥远?遥远的
是距离,不是心灵!
我们的心紧紧连在了一起。

艰难的岁月,曾经
夺走过我们的爱,寂寞
像冬夜一样漫长!

雪融了,看
一束红梅绽放在江南,
你,是否感到?

一颗不再年轻的心
冲出胸膛
飞向了远方。

让你,让我
重新扬起风帆
向着那爱海启航!

2014-02-12

沿着风的足迹

沿着风的足迹
我寻找着你
夜色像一帘幕布
遮住了,今夜的月光

风吹来
一声柔情的呼唤
把我引向那
遥远的一条河
这是我,魂牵梦绕的地方

在霞光初升的倒影中
我找到了你
那一双深情的目光
让我从此不再忧伤

2014-02-14

遥望穆凌河

梦里,我向你走去
翻过了千山万水
可为什么
你却不向我
流动,流动
那怕区区的几百米

你若是流向我
我便会
驾一叶小舟
拼命地划向你
然后,坐在你的岸边哭泣
或者,在鸡冠山上
留下我深深的足迹

2014-02-15

为燃烧的激情干杯！

为什么欢乐的声音暗哑了？来吧，
举起手中的酒杯，为你，为我，

为那些爱我的人，和我所爱的人
干杯！斟吧，斟满这杯中的酒，
把我所有的情，以及所有的爱
投入到这杯中，一口气把它喝干！
哦，也许生活曾经欺骗过我，
不要悲伤，也不要愤慨，更不要气馁，
相信吧，快乐的日子终究会来到！
燃烧吧，我要重新焕发起青春，
让生命像那早晨初升的太阳！
让所有的忧伤、颓靡、彷徨……
在天亮之前统统褪去、死亡！
当整个世界从黑夜中醒来时，
看，一个被称之为"愚夫"的狂人，
正伴随着拜伦、雪莱的诗魂，
站在亚马逊的平台上引吭高歌！

2014-02-17

疲惫的女人和幸福的男人

你就躺在我的怀里睡去
一个疲惫的女人
一个让我心疼的女人
让我温情地搂着你
轻轻抚摸着

让你安然睡去
此刻,不需要诗歌
甚至不需要
发出一点声响
在你睡去之前
我只求你
给我一个深情的吻
然后,就静静地
躺在我的怀里
哦,谁能知道
此刻,我是多么幸福

2014-02-18

梦游梅花山

如果时间可以定格
我渴望它永远
定格在那年的三月

我在梦里,穿过玻璃
穿过黑夜的情绪和雪
来到了梅花山

我感到时间回到了原点
梅花开始萌芽
瞬间又含苞欲放

而你却被抛在了梦外
星月是静止的
只有我和花惺惺相惜

2014-02-18

风痕

欢呼你,中国"辽宁号"!

我欢呼你,中国"辽宁号"!就在此刻
我似已感到你疾驰大海上呼啸的风
在愤怒地追逐着历史久远的波涛,
并振奋起我们那久已忘郁的心情。
听,你出发时那气势如虹的汽笛声
感染着海洋、天空、日月和大地,
善良的人们从雄壮的笛声中受到了
魔力的感召,顿时显得格外地精神。
只有魔鬼,才从雄壮的笛声中感知了
中华民族崛起的意志,和愤怒的力量!

我们岂能贪图享乐安于自私的平静
而将那段屈辱的历史和所受的灾难忘记?
我们岂能在忙忙碌碌之中匆匆就把
一段梦魇的阴影从伤痕累累的心灵中抹去?
难道炎黄子孙强国之梦会长久地沉睡?
难道一个伟大民族会甘心于曾经的毁灭?
不!中国"辽宁号",你作出了最好的回答!
多灾多难的中华民族啊,从此刻起
快把你聚积的力量展开吧,好让这被
激情渲染的民族振兴旗帜永远地飘扬!

我站在茫茫的大海边,细数着那涌来的
不断冲击在海滩上的浪涛,那每一波都如同

一位巨人手执利剑,不断斩开无垠的界限。

为了我们的母亲不再为失去她的儿子哭泣;
为了我们的孩子不再为失去他们的父母悲伤,
前进吧,中国"辽宁号",驶入大海,驶向深蓝,
驶向中华民族复兴强国之梦实现的未来!
我们要让整个世界都明白,我们的崛起、强大
就是要把人类所有构成罪恶的成因统统消灭,
好把自由、和平和爱情还给这个悲惨的世界!

2014-02-19

中国梦

中国,今夜你入我梦来
带着五千年的灿烂和辉煌

中国,今夜你入我梦来
携着炎黄子孙的智慧与坚强
梦里,你那一声轻轻地呼唤
却让我心情激荡的热泪盈眶
于是,我穿越时空走向了你
我再一次感受到
那古越编钟陈年的激扬
我又一次踏上
那丝绸之路昔日的辉煌
寻着这一声呼唤我走下去
我看见了汉武大帝
威风凛凛手握利剑的寒光
我听见了戚继光
横刀立马誓斩倭寇的呐喊
中国,中国,光荣的中国
我曾为你骄傲,我曾为你自豪

中国,今夜你入我梦来
带着近百年来的委屈和耻辱
中国,今夜你入我梦来
饱含着中华儿女的泪水与悲伤

梦里，你那一声低沉的哭泣
却让我心寒肉颤的泪雨婆娑
于是，我穿越时空走向了你
我再一次感知了
落后就要挨打的普世真理
我又一次体会到
丧权就会辱国的必然结局
寻着这一声哭泣我走下去
我看见了甲午海战中

北洋水师全军覆没悲惨的画面
我听见了南京大屠杀时
三十万同胞撕心裂肺痛苦的呻吟
中国，中国，屈辱的中国
我为你流泪，我为你悲伤

中国梦啊，中国梦
在西柏坡低矮的小屋里
我听见了你犹如黄河拍岸的心跳
在天安门雄伟的城楼上
我听见了你向全世界庄严地宣告
在南海小渔村荒芜的土地上
我听见了你吹响了改革开放的进军号
在人民大会堂明亮的大厅里
我听见了你提出了实现中国梦的宏伟理想
中国梦啊，中国梦
这不是一个人的梦想
这也不是一群人的梦想

风痕

这是我们所有炎黄子孙的共同梦想
我骄傲,因为我是炎黄子孙
我自豪,因为我是龙的传人
我相信,当太阳从地平线升起的时候
中华民族一定会屹立在世界的东方

2014-02-20

老子经

幼年
老子吃不饱穿不暖
瘦成了皮包骨
——人称"鸡头果"

寒窗二十年
老子独领风骚
牛皮不是吹得
——世袭班长

文革初始
老子磨拳擦掌
却恶梦般成了
——走资派的"狗崽子"

当了工人
老子是一个"拼命三郎"
指标月月刷新
——生产标兵

打倒"四人帮"
老子口诛笔伐
大批判会上
——一个急先锋

风痕

干部廿载
老子是两袖清风
真他妈的
——傻蛋一个

企业改革
老子冲锋陷阵
妈了个巴子
——一个打手

临近退休
老子混进省诗词协会
还连年出书
——一介酸生

朋友嘛
老子确实一大堆
离开香烟、烈酒
——忒感孤独

妈了个巴子
老子混了大半辈子
不知是咋混的
——稀里糊涂

2014-02-22

临别祷告

最后一次了,在肃穆的会议室里,
请你们再听我朗诵一首诗歌。
朝夕相处的亲密战友啊,
让我们共享这最后的一刻。
共同战斗的时光即将逝去;
就要分别了,我热爱的企业。
再见吧!愿上帝保佑你们
在未来的岁月里再铸辉煌!
你们也许无法体会我此刻的心情,
它充满着真诚、热烈和依依不舍。
过去的日子像梦一般地飞逝,
这让我沉浸在无限的伤感之中!
再见吧!今后,无论我在哪里;
无论时光如何流转,我都会
忠于我所热爱的企业;我都会
铭记我们之间神圣的友谊。这就是
一名为企业奋斗数十载的老员工
在他即将临别前所做的的真诚祷告!

2014-02-24

人生需要一场梦想

我常常想
人生需要一场梦想
这梦想
或许只是一场空想

我以为
人生就是一段苦难的历程
谋生、疾病、争斗、死亡
时刻盘剥着
惊恐万状的人们

何不借助梦想
慰藉一下
我们疲惫不堪的身躯
和早已麻痹的思想

希望能在梦里
忘却昨天的痛苦和失意
希望能在梦里
升起明天的快乐和希望

2014-02-25

梅岭情怀

寒风吹一曲冬的协奏
瑞雪放出了春的问候
望遍群山无踪迹
梅花却依旧

梅花仍依旧
思念如醇酒
未踏青山人已老
何时再聚首

何时再聚首
心情难依旧
三千忧愁付东流
声声呼唤几时休

声声呼唤几时休
一轮明月到江洲
风又起
风干了泪水
却吹不散我的烦忧

2014-02-26

秦淮诗韵

一位桀骜不驯的狂人
在漂满胭脂的秦淮河边
挥手洒出一袖的汉字
瞬间,溅起两岸的灯影
当载着梦想的小舟
从悠长的期待里
划破沧桑后的宁静
一串串意象蜕变成
喷涌而出的诗句
开始在王谢堂前
飞来飞去

2014-02-27

【注释】
王谢:是指东晋时期的明相王导、谢安,他们府邸就在秦淮河畔的乌衣巷。唐朝诗人刘禹锡曾写有脍炙人口的诗句:"朱雀桥边野草花,乌衣巷口夕阳斜。旧时王谢堂前燕,飞入寻常百姓家。"

我等的那只燕子

春天来了,
路边的杨柳绽出了新芽,
嫩嫩的翠绿,
宛如朵朵温润碧玉的小花。
谁在喊燕子飞回来啦?
一只只飞过屋檐下,
飞进了千万家。
我赶紧向飞过的燕子问:
"我等的那只飞回来了吗?"
一只燕子回答我:
"不知它有没有出发,
归来的途中好像没见到它。"

我等的那只燕子啊!
你飞回来了吗?
另一只燕子回答我:
"归来的途中风太大,
被阻在半道上的好像就是它。"
看见我眼中闪出了泪花,
它又连忙安慰我说:
"您别急,也许它会晚点到达。"
我等的那只燕子啊!
你飞回来了吗?
望穿南来路,心思在天涯。

风痕

我等的那只燕子,
只要你还朝向我飞来,
我会为你垒好一个温暖的家!

2014-02-28

只有泪,点点滴滴

夜深了,秦淮却没有入睡
是灯红酒绿的吵杂
还是心灵抑制不住的躁动
月光下,一位白衣骚客
和着岸边柳条的摆动
浅吟低唱
今晚的月色
一种无法抵御的诱惑

这是一个有些恍惚的夜晚
在桨声灯影里
我唱起一首深埋心底的恋歌
在不尽的秦淮梦中
就让我且醉且唱……
朦胧中,是谁在唱《后庭花》
可此时,我的寂寞里
只有泪,点点滴滴

2014-03-01

诗人的愤怒

在扬子江畔、秦淮河边我们掩面
悲痛地哭泣,我们想到3月2日那一天
一群暴徒如何在挥舞屠刀的叫喊声中
焚毁了春城的美丽和宁静。
而他们,呵,一群无辜的人们
他们流着血、哭号着,仓惶中四处逃散。

当我们忧郁地坐在河边看着脚下
清澈的河水自由地流淌,便想起了大观湖,
那里的水一定鲜红鲜红。恐怖啊!
多么地恐怖,二十九条鲜活的生命
虽然躺在地上,张着口腔和鼻孔,
但已没有了骄傲的呼吸在里面流动。

我们难道还继续沉浸在吟风咏月之中?
或者,我们只是面对着河水悲伤
和流泪,而我们的同胞却在流血。
哦,请看我,一个忠于静谧、仁慈、
诗歌和爱情的人,此刻怒火在心中燃烧!
诗友们啊,快快举起你们手中的正义之剑
——诗歌,刺向那些罪恶者们的胸膛吧!

2014-03-03

老愚自讽

如今，年近六十的我依然拒绝着老。
昨天我还想伴着强劲的舞曲翩跹舞蹈，
可颤悠的双腿如何旋得起欢快的舞步？
再好的护肤品它也无法掩饰皱纹的来早。
人生的风景我已在春夏季节里消费殆尽，
青春的激情和活力你让我到哪里去寻找？

唉，完了！余下的时光我再也没有了
晨阳的明媚，和岁月的欢歌。
即使天空偶尔绽放出绚烂的晚霞，
那也止不住夜幕降临时太阳的陨殁。
一种未名的恐惧感深深埋藏在心里，
即使偶尔的欢笑也难掩内心的落魄。

唉，完了！我谈情说爱的日子也结束了，
无论多么迷人的女人：姑娘、少妇、阔太
已不能像昔日似地让我痴迷、让我疯狂。
即使诗歌中我也时常吟咏着花前月下，
那只不过是对失去的美好在偷偷地觊觎。
别提了，提起来总让我不停地唏嘘。

财富和名声也算不得什么，那不过是
可贪婪是人生来具有的天性，
就为这，我曾忙碌、竞争、嫉世愤俗。

风痕

而此时,我却将这一切视为身后的
一个名字,一抔黄土,和一尊遗像。

但是,我一颗垂老而没死去的心,
时而会像一只老燕追逐着昔日的春光;
时而会像一棵老树渴望着阳光和雨露。
于是,你们便会在我那拙劣的诗歌中
看到我那冥顽不化、憨态可掬的模样,
让你爱,让你笑,让你说不可理喻。

2014-03-04

两会代表赞

我们来了,我们来了
带着亲人们的嘱托
带着父老乡亲们的希望
我们风尘仆仆来到了首都
来到了祖国的心脏

临行前,我们走街串巷
察民情,听民意
认真搜集两会的提案
两会上,我们全神贯注
听报告,提建言,献良策
认真设计国家未来发展的方向

民生况如何
我们关注情未了
污染咋治理
我们的提案一语惊堂
打老虎,捉苍蝇
我们的谏言语重心长
中国梦又该咋实现
我们为此倾情布局谋篇

我们来了,我们来了
亲人们的嘱托牢记在心

风痕

因为我们是两会的代表
我们应担负起历史的责任
父老乡亲们的希望我们一定转达
因为我们是两会的代表
我们应架起党和人民心灵的桥梁

昔日的辉煌,终成过去
中华民族几千年的梦想
就从今天,就从这里
就从我们开始实现
人民啊,请你们放心
我们决不会辜负
你们殷切的希望
祖国啊,请您放心
我们一定会殚精竭虑
不辱我们的历史使命
党啊,请您放心
我们一定会在您的指引下
走向未来,走向希望

2014-03-05

雷锋,你在哪里?

怀着无尽的思念,
带着崇高的敬意,
我遥望着碧海蓝天;
我询问着苍茫大地,
我一声声地呼唤着:
雷锋,你在哪里?
三月的春风催促着我,
寻找起英雄的足迹。
我走遍了千山万水;
我寻遍了祖国大地,
我一声声地呼唤着:
雷锋,你在哪里?

贫困山区的孩子们,
扯起我的衣角告诉我:
"雷锋在这里,在这里。"
希望小学的讲台上,
他正在给孩子们上课,
他为祖国的未来,
点燃起他们心中的希望!

汶川的父老乡亲们,
含着热泪告诉我:
"雷锋在这里,在这里。"

风痕

瓦砾中,废墟上,
一场惊天地、泣鬼神的故事,
正在这里深情地开讲,
他给多少人带来生的希望!
一位灾区的老村长,
拉着我的手告诉我:
"雷锋在这里,在这里。"
洪水中,堤坝上,
他用忠诚和勇敢,
为他深深所爱的人民,
筑起一道坚不可摧的防洪大堤!

疾驶而来的汽车司机,
用手指着前方告诉我:
"雷锋在这里,在这里。"
汽车穿梭的马路边,
他正在扶起跌倒的老人。
人民子弟兵爱人民的优良传统,
正在他的身上延续!

波涛汹涌的大海告诉我:
"雷锋在这里,在这里。"
"辽宁舰"的指挥塔上,
他正在准确地发出一道道指令,
从他刚毅、自信的目光中,
我们看到伟大的祖国正在崛起!

辽阔的祖国大地告诉我:
"雷锋在这里,在这里。"

在茫茫的人群中，
在无数的自愿者队伍里，
雷锋就是你，就是他，就是我，
哪里有爱，哪里就有雷锋的足迹！

            2014-03-06

诱惑

逃窜
充满诱惑的目光
正向我射来

躲在
月光下的身影
陷入永不能说的秘密
欲说还休
风驱赶着
由南向北
渐远

害病的老马
再次获知路的消息
在遥远的尽头
一首忧郁的歌
充满诱惑

2014-03-07

献给天下所有的妈妈

十月怀胎,是谁生育了你?
含辛茹苦,是谁养育了你?
苦口婆心,是谁教育了你?
当你沉缅于成功的喜悦里,
是谁在你身边提醒你?
当你浸泡在失意的颓靡里,
是谁在你身后鼓励你?
是您,是您,是我们亲爱的妈妈!
母爱,没有史诗般的惊天动地;
母爱,没有风卷大海的汹涌澎湃,
母爱就像一场雨,一首歌,
润物无声,绵长悠远……。
当三月八日这个令人崇敬的日子
踏着春风走向您,走向我们,
我想把我心中最最美好的诗歌,
献给您,献给天下所有的妈妈!

2014-03-08

3月8日的悲怆

多么令人恐怖
3月8日的午夜
黑色吞噬了满天的星
仿佛预示着,起飞
将是一去不归

那突如其来的"失联"
让我们不知所措
不能相信
你矫健的身姿
真的会消失在转瞬之间

我问蔚蓝的大海
在你阵阵的悲鸣声中
可曾听见
亲人们焦急等待时
撕心裂肺的呼唤

远行的人啊
难道你就这样悄然离去
残忍地把你的亲人们
抛弃在凄咽的风中
临行前,你那欢快的笑声
此刻,还萦绕我们的耳边

也许你的远去
将无法挽回
就让痛苦、哀怨、泪水
随着那最后的弧线
深埋进浩瀚的大海

你就这样走了
把梦带去了天国
让我们再看一眼大海
这里，留下了239条鲜活的生命
让我们永远记住3月8日
这天，留下了我们痛苦的记忆

2014-03-12

燃烧生命的烈焰

面对朝霞,日光辉映
谁,投射簇簇绚丽
编织七色
舞动生命的灵性
掠过甜美的笑靥
沉醉
一幕斑驳中
绽出初春青翠的嫩芽

倾尽热情的光芒
辞别梦想,流亡苍凉
搭上时序的快车
与我同行
去捡拾青春的时光
看江南三月
探出新枝嫩叶
大地吐露一片芬芳

嘲笑逃避的情感
燃烧生命的烈焰
谁,甘心沉缅在暗影里
把生命廉价挥霍
无需空谈,日渐丰满的思想
正日夜兼程

来吧，亮出我们的前世今生
践行冬季里湿漉的约定

2014-03-13

十五的月亮

今夜
重又唱起那首歌
歌中交织着
心灵久远的回荡
——《十五的月亮》

这首歌
当年在初恋者的心上
泛起何等的欢愉
和美妙的畅想

伴着这首歌
日落的时分,她
在丛林中等我
伴着这首歌
夜深的时候,她为我
打开家里的门锁……

永别了
月光下的倩影
永别了
月光下的歌声

今夜

肆虐的风
仿佛刀剑铿锵
流年不尽的忧伤
隐没心中的月亮

2014-03-14

别离开

别离开
东方还没泛白

你含泪的话语
像一把钥匙
往心的位置插入
却没打开我的心结

三月的风敲打着窗棂
忧郁的目光
瞅着夜色渐淡
你还要走吗

春天来了
蝴蝶在重新集结
我扭过头
心在滴血

2014-03-27

别再喋喋不休

真相即将出来
马来，你撒谎的神情
已折射在脸上

飞机掠过
风雨的无奈
战舰驶向
大海的绝望

今夜星光暗淡
凄风哽咽
唯有你
喋喋不休

2014-03-27

速写

泼墨，泼墨
泼上一堆浓墨
神笔在墨间游走
瞬间，一池莲花
在充满馨香的小屋
含苞欲放

提笔，凝神
情思渐浓
信笔在纸上飞舞
瞬间，"艺海"
飞出一条蛟龙

那是谁，那是
她的歌声多么动人
纤细的小手
在琴键上跳跃
瞬间，乍暖还寒的小屋
充满春的气息

催促，鼓励
听，掌声多么响亮
诗人终于战胜羞涩
借着尚存的酒兴

一首拙劣的小诗
　　竟也博得满堂喝彩

2014-03-28

【注释】

"艺海":这是著名书法家韩涛先生当场挥笔书写的条幅。

风痕

献给和平的歌者

和平的歌者呵,你不必再哭泣,
因为你该知道,世界根本不存在和平:
看,那久远的战争硝烟还没散去,
东亚,中东,乌克兰的枪炮声又在响起。
瞬间的安宁,如同梦一般逝去,使你伤悲。
但这种不幸的状态你似乎没有感觉到,
你依然为着和平,用自己微弱的声音歌唱!
而我却在为你感慨,为你歌唱!你呵,
就像一颗孤独的星,把自己微弱的光亮
洒向你所深爱的,但却十分阴暗的世界。
你又像海上漂浮的一座灯塔,在恶浪中
为来来往往的航船指引着前行的方向。
啊,可敬的和平歌者,你将自己的一切,
献与珍贵的和平,献与伟大爱的歌唱。
正因为有了你,四季中才会有一个季节
——春天!尽管它很短暂,但它有鲜花开放!

2014-03-29

爱,无需说出你的秘密

爱情的快乐无需在别人面前炫耀,
更不要对他人说出心中的秘密;
只要看看三月里轻轻吹动的春风,
吹红了漫山的桃花,它却不露痕迹。

我曾在众人面前暴谈过爱情,
快乐着,炫耀着,带着一点陶醉。
当我在羡慕的目光中就要离开时,
却发现,她痛苦的似乎心将碎。

漂亮的她离开了我的眼睛,
没有道别,一声不响,不露行迹。
第二天,人们纷纷传播着一个消息,
她已随着一个追她已久的人远去。

2014-03-30

泪,只为她流

唱一支动情,动情的歌,
凄婉的,在月下。眺望,星寒抱影。
今夜风冷,
不知远方的她……

说一句温暖,温暖的话,
宛若四月的风。
我走到花前,无语。只求风儿,
带上一缕清香……

落一滴炽热,炽热的泪,
与露珠一样晶莹。
只为她流,在衣襟上,在心上,
不知何时落下……

2014-03-31

值不值得把爱献给他

在清清的小河边，
在春花烂漫的田野，
一位女子在深情地歌唱：
"田野小河边玫瑰花儿开，
有一位才子真使我心爱。
可是我的表白他也不回答，
我要去寻找却又不知他在哪。
哪怕他只同我说上一句话，
我只要他告诉我他的家在哪！"

女子一边歌唱着，一边在叹息，
不经意间揉碎了手中的玫瑰花。
多情的女子啊，你怎么会知道，
你所爱恋的才子他早已有了家，
他的老婆就是远近闻名的母夜叉。
此刻，他的她正在审问他，
她还要他写下一份保证书：
"保证今后不到路边去采野花！"
懦弱的才子恐惧地看着母夜叉，
那是他此刻还舍不得离开这个家。
可怜的女子啊，你说这样的男人，
还值不值得你把你的爱献给他？

2014-04-01

风痕

春光的痕迹

是哪里吹来,
这暖软的风?
带着热烈的花香,
弥漫在空间里,
惹得我酣醉!

紫藤花下,她
柔发纷披在双肩,
细锁的眉宇,
刻着心弦的幽怨;
绯红的脸上,
挂着几滴泪珠,
美,如同梨花带雨。

我怎能寻到风吹来的地方?
我被迷在浸满花香的风里,
隐忍着悲惨而甜蜜的忧伤。
看尽天涯,写尽诗意,
也找不到春光的痕迹。

紫藤花下,水面上,
落花慢慢地流。
一轮闲月,
紧锁她的相思。

风吹来,
揉碎了水中的倒影。

2014-04-02

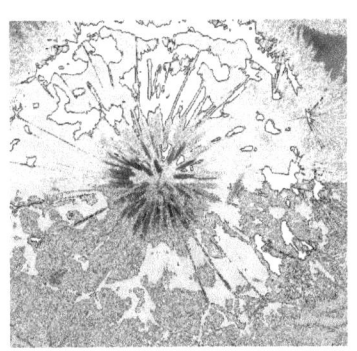

风痕

那个羞涩的年代

沿着钟山的小径，
踏入湖边的草坪，
月亮刚刚升起，
鸟儿已停止了唱鸣。

多美的夜，我不能自己，
月光是多么地迷人；
月光下的她，
显得那么地娇美。

我们挽着发烫的手，
沿着蜿蜒小道盲目地走，
身后留下了零乱的脚步，
仿佛喝光了天下的酒。

一朵厚云遮住了月光，
我向四周看了又看，
我轻轻地对她说：
"亲爱的，我想吻一吻你。"

她含着羞扭过头说：
"这当然不可以，
我妈说在成家之前，
这样的事绝对不允许！"

月亮钻出了白云,
啊,月光下的她,
此刻,更显得
千般的娇柔,万般的美。
我久久地凝视着她,
听,蟋蟀在草丛中,
尽情地弹唱。

2014-04-03

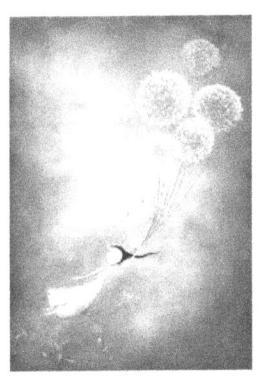

这恼人的春风

我从春风中挣脱,
带着一身的芳香,
迷茫中,
不知道向哪里去,
才是我心灵的港湾。
啊,寂静的街衢,
眩目的灯光,
迷幻,彷徨……!

我从春风中挣脱,
带着心灵的感伤,
无言地独走在,
岁月的沧桑。
这恼人的春风啊,
你为何来得如此荒唐?
茫然四顾,
才觉心中几许苍凉。
啊,寂静的街衢,
迷幻,彷徨……!

2014-04-04

谁之罪

醉！醉！醉！
夜难寐，
春风为我送娇媚。
我问梨花为谁菲？
梨花含羞，我欲醉。

悲！悲！悲！
人已溃，
淫雨梨花花飞谢。
我问梨花何日会？
春风凄咽，我憔悴。

累！累！累！
心已碎，
梨花谢去我后悔。
我问春风谁之罪？
春风无语，我落泪。

2014-04-05

清明之殇

梦与醒都是孤独
伫立在苍翠之间　借着风儿
纸钱　飘在空中

一柱香温一段遥远疏落的
蜿蜒小路　当年欢愉的足迹
深浅　都埋入尘土之中

落魄不羁的憔悴对着
冷冢饮泣　一剪烛火
在风中挣扎

穿越时空之殇
遥远的记忆　至今仍在
我的心中流淌

梦与醒都是孤独
伫立在残碑之前　借着风儿
思念　飘向天空

2014-04-06

一首尘封的诗歌

如果一切都将不可挽回
你不必在乎我的感受
我尊重你的选择

如果一切才开始就要结束
你不必表现出犹豫不决
这一切早已是命中注定

如果你想忘掉所有的记忆
你不必寻求一次凄冷的相聚
这样也不会有伤心的别离

如果你已踌躇满志走向未来
你不必流连曾经的温情
那样你会使我不得安宁

如果生命还可以重来一次
你不必再和我相遇
我不想重温前生的情趣

2014-04-07

让回忆的温度渐渐变冷

你的话让我久久保持缄默
在我不知所措的时候
我依稀看见
你匆匆旋去的背影

初遇的惊艳
已残成一首
不合韵脚的绝句
听着春风的嘲弄
记忆过于模糊而显得嶙峋

不再需要你的传说
也不再回望你的背影
就让我在凄苦哀婉中
使回忆的温度渐渐变冷

2014-04-07

同学聚会

四十多年了
我一直在暗中祈祷
只为儿时的友情
不在岁月中苍老

四十多年后的今天
我们终于相聚了
心中的千言万语
竟然没说多少
不知是谁说了一句
这辈子能做同学真好

2014-04-08

同学重逢

一场乍然的重逢
四十多年后
恍若梦中

急于填补别后的空白
寒暄中
却少了他的行踪

浊酒千杯,热泪几行
想起流逝的情怀
执手相看
岁月的痕迹
尽已写在脸庞

年华早已逝去
我的记忆里
却依然是你的年轻

2014-04-08

叹春

春天的盛装在风雨中,也悲
落花流水,满目残破的凄美
一些水草躬着腰,徒劳做着挽留的姿势
却也留不住随流而去的芳菲
我独自在幽涧徘徊
在这朦胧的苍翠之中
一种不可名状的神秘
一种空旷而低沉的回声
来自遥远的山谷渐微
刚被洗净的湛蓝天空,飘着一些白
一阵风儿吹过,几片乱云纷飞
这肆意的风却适合柳梢的缠绵
轻轻扬起,试图撩拨人的心扉
眼前这隐含绝望的凄美,正沿着一个方向
风来,声声隐忍;雨来,丝丝入扣
爱过的季节,将在这空空荡荡中伤悲
我要将这残落心头的花片,嵌入我的诗中
任凭风吹雨蚀,让它娇艳永不枯萎

2014-04-11

今夜，你不会把我挽留

月亮像一叶小舟
摇啊，摇啊，摇
摇得我白雪飞头
摇得我心生忧愁
忧愁，忧愁
我知道今夜的你
不会把我挽留

风儿惊起了林中的鸥
哀嚎啊，哀嚎啊，哀嚎
哀嚎的春如残秋
哀嚎的我心儿冷嗖
冷嗖，冷嗖
我知道今夜的你
不会把我挽留

2014-04-11

兴化千岛菜花风景区

四月里柔暖的风吹得兴化大地
满山的苍翠、遍地的金黄、漫天的芳香
在这苍翠、金黄、芳香之间
慕名而来的人们踏着春天的舞步
带着劳作之余开怀的欢笑
来到了这片热土,来到这个美丽的地方
此刻,一千二百平方公里古老的土地
河有万湾多碧水,田无一垛不飞黄
富裕起来的二百万兴化人民
张开了里下河人那宽阔的怀抱
以他特有的纯朴和热烈
欢迎着蜂拥而至的八方宾客
看,那蜂飞蝶舞的千垛万花之间
游客们穿行在飘溢着清香的田野
手机、相机咔嚓咔嚓响个不停
留下一张张亭亭玉立、玉树临风的身影
看,那千岛之间的河网中
披红戴绿的大嫂驾起一片片小舟
穿梭在金黄的垛田与弯曲的碧水之间
她们以粗犷的语言和狡黠的幽默
讲述着一个又一个美丽动人的故事
激起小河里的鱼儿飞出了水面
荡起小船中满载着舒心的欢笑
啊,这人在垛中行,歌在花间飘的场景

是一幅人与大自然多么和谐美好的画面
中午时分，一座座青瓦白墙的农家小院
此时、已是炊烟袅袅、菜香扑鼻
价廉物美的菜肴真可谓色、香、味俱全
大姑娘、小朋友卷起衣袖就狼吞虎咽
老大爷、小伙子酌着小酒在细品慢尝
呵，相约美丽兴化，共赏千岛菜花
今天，您的色彩为踏青的脚步伴行
今天，您的宽广为春天展示着娇美
金色的诱惑，无限魅力的放纵
这一切构成一部恢弘的田园交响曲
每一个音符都在欢呼着：春天的美丽

2014-04-13

萌动,早已逝去

岁月匆匆流逝
她,已成我梦中的远客

一次邂逅
凝视许久,不经意地
眉宇间写满了问号

曾经天使般的娇容
憩息过无数的梦舟
星夜,我也曾驻足

风雨来过
一地残红,永恒
只是一道亮丽的彩虹

落日催促着离去
顾盼流连的她
依旧唱起春天的歌谣
而我,却踽踽走入
迟暮的暗影

2014-04-13

该死的淡忘

一些事情,淡忘了
就在淡忘的过程
曾有过清泪
该死的淡忘

想一个月明的夏夜
在偏僻的乡村
谁依偎你,含泪
吹一曲《知青之歌》
你抚摸着她的辫发
说要摘下天上的星星
作为定婚的聘礼

想那个遥远的
遥远的过去
含泪的琴声
还在耳边

泪落在无人的夜里
象流星,坠入
伤痕累累的心底

2014-04-14

一个难忘的夜

狂风,呼啸着
暴雨,倾泻着
大桥上
两个蠕动的身影
在黑暗中挣扎

我拉住她的手
像大树支撑起藤蔓
她搀扶着我
像藤蔓缠绕着大树
在风雨交加的夜
心却一片敞亮

于是在后来的日子里
艰难中
我们想起了那个夜
那个风雨交加的夜
心中立刻升起
两盏敞亮的灯

2014-04-14

【注释】
此作是三十多年前,作者与妻子在下班途中与暴风雨作斗争的一个真实场面。

Cigarette 的魅力

你是我柔情的伴侣
你是我最醇最香的知己
只要我轻轻握住你
无论是献上一个吻
或是坠入迷雾中的凝思
快意瞬间沁入我的心脾
深知迷恋你是一种恶习
也知道拥有你最后的结局
可我依然爱着你
可我还是无法抛弃你
是你催熟我的诗意
是你让我得到片刻的安逸
我的困顿,我的迷惘
唯有你,理解我的心语
无论未来会是怎样
你都是我终身的伴侣
你都是我永远的知己

2014-04-15

Cigarette,我的爱

你,我的伴侣
你,我的知己
只要吻了你
迷雾中
瞬间,快意
沁入心脾
迷恋你是
一种恶习
拥有你是
恐怖的结局
我,依然爱你
我,决不抛弃你
你,催熟我的诗意
你,让我得到安逸
我的困顿,我的迷惘
唯有你
理解我的心语
无论,岁月流逝
还是,未来怎样
我,都会迷恋你
我,一生爱你

2014-04-15

我梦中的青鸟

这首深情的诗歌
为谁而写
遥远的恋

天空洒下了泪
忧郁从孤独中来
喧闹的街道,人们纷乱地
奔向心中已久的
温馨的地方

一首凄美的诗歌
饱蘸着泪,肆意的情绪
多么悲凉,多么荒诞,多么肮脏
那几行跳跃的字符
如同自慰
只能给我片刻的安宁

我似乎看见
她从太阳中飞来
扑扇着翅膀,蓝色的公主
我梦中的青鸟

2014-04-16

挣脱

黎明,我挣脱
一夜的梦
一夜的荒唐

我的眼睛,掠过暗影
向着太阳飞去,水中
有我憔悴的面容,和
飘忽不定的情绪

一切都是幻觉
只有四月的鸟儿
欢快地向着远方飞去
只有水中的鱼儿
追逐着在水中戏耍
岸边,只剩下一副空皮囊
形同尸体

2014-04-16

幸福的乐章

醉了，在我的梦境里——
荧屏前闪烁的是你的眼睛
看如霓的霞光，流向大地
清风入林，花影婆娑
一种直触心底的朦胧
坠入一场难以清醒的幽梦

夜是一首难诵的诗歌
却被孤独的男人背着，于是
我的花只在夜里开放，唯有你
透过黯淡的光线，在黑暗中
看见花儿在孤寂中绽放
我毫不犹豫扯下面具，曝光在
骤然闪亮的聚光灯下

把夜空窥望的眼睛
揽入窗内，就此挥笔
把喷涌而出的情感
嵌入尚未写就的诗里
让这个不眠的夜，成为
你我静谧而幸福的乐章

2014-04-17

一起走过人生绚烂的季节

你的嗔怪打破我的缄默
在我不知所措的时候
依稀听见
一串笑声,来自远方

回眸的惊艳
扰乱了心绪
我们,隔着遥远的嘲弄
唯一可做到的,就是那
心中绵绵不绝的思恋

让美丽和思念重叠
又在充满笑与泪的诗歌中
继续延伸我们的足迹
一次大胆的暴露,和
令人心碎的荒唐
而我们会一直走下去
走过人生绚烂的季节

2014-04-18

台湾行前罗湖小憩

罗湖小镇　　在霞光初升时
涌来了八方的诗人
如候鸟飞来
鸣号着　春天的期待

南国夜雨
洗清了城市的喧嚣
我们以离弦之势　　奔向
南海堤岸的绿荫　微风中的袅娜
如同仙女的芳姿　　款摆

客来自远方
邀沿路椰林的幽静
沉思　　凝望
直溯千年　　攫取未来
再以诗人的执著
迸裂出无言的呐喊

2014-04-19

一声汽笛 一片空茫

春雨淅沥 烟霭朦胧
在疾驰的列车上
真个是不适合写诗

提起笔 自己就会
被窗外的纷乱抓住
一抹青绿色 以顽强
于土灰中爆发

一声汽笛 萧然
南京 我的家乡
渐行渐远

驶向遥远
一个陌生的地方
人在车厢里
一种忡忡 一片空茫

2014-04-19

故乡时刻在我心中

列车穿行
穿行于安徽大地 窗外
夕阳西下 苍翠间
农家小院翩翩飞过
花开 花落

寂寞里
我匆忙忆及
临行前的一盏香茗
润泽 沁人
久久留在我的心里

猛回头
一行雁子 横空而过
横过群山之间
飞向我那
故乡的小屋

2014-04-20

儿行千里 母在心中

坐与躺都是孤独
寂寞随行 借着月光
遥望 凝想
窗外夜色朦胧

茶香温一段清晰的
故乡小路 母亲的嘱咐
与临行前的泪别中
刻在儿的心里

昏昏欲睡
却无法入睡
依窗而坐 儿对着
明月饮泣 思念
在困顿中挣扎

2014-04-20

风痕

日月潭的情绪

以潭为镜
岁月穿梭
历史仿佛一泓涟漪
有深到浅

退伍的老兵
步履蹒跚向我走来
乡情噙满在泪眼里
他欲问我
可我问谁

我的目光渐渐游离
唯恐碰触记忆的伤痕
历史如此荒唐
回首日月潭
满眼是一片苍凉

2014-04-24

【注释】
大陆诗人交流团港台行系列作之十。

夜游高雄爱河

高雄
你是浪漫的情种
爱河迷离
睡眼惺忪
港湾吹来几许星夜的清风
我宛如梦中

高雄
你是风流的男人
爱河依偎
星月销魂
"七贤"送来动人的欢歌
我误以为醉入了天门

高雄
你是女人的裙裾
爱河迷乱的风
掀起男人的遐想
一曲《阿里山的姑娘》
唱出我今夜的疯狂

2014-04-28

【注释】
大陆诗人交流团港台行系列作之二十一。

台湾行过深圳赠子豪弟

见,还是没见,
我们的友谊,
还在那里。

一句问候,
远飞重洋,
我,足矣!

如诗的夜想你,
繁华的街道,
哪都是你的身影。

寻你,只在梦里,
如期的月光,
拥抱着难忘的记忆。

见,还是没见,
我都要告别,
带着南国的温情。

挥挥手,我
在你的门前留下,

一串零乱的脚印。

2014-05-02

我曾经爱过你……

我曾经默默地爱过你
爱得那么痴迷
爱得那么彻底
可我的爱和我的痴情
换来的却是遥遥无期
我从此不再打扰你

我曾经执着地爱过你
既忍受着内心的羞怯
又忍受着妒恨的折磨
可我的爱和我的痴情
换来的却是等待在寂寞里
我从此不再打扰你

我曾经傻傻地爱过你
爱得那么真诚
爱得那么温情
可我的爱和我的痴情
换来的却是你情感的游戏
我从此不再打扰你

也许我的凄然离去
你根本不会感到惊奇
更不会为此悲伤哭泣

但愿上帝一直保佑你
保佑你在未来的日子里
会有一个人象我一样爱你

2014-05-05

荧屏前的心情

坐在屏前　我是一位
被诗友们喜爱的
老顽童

这里有许多
娓娓交流的对象
红艳　清风和晨曦……

交流　争论
我们把荧屏装点得
多么妖娆

蓦然瞥见一女子
向我走来　却含笑
旋又迅速隐去

谁能留住屏前的岁月
诗友们来来去去
来了高兴　离去伤感

独守屏前　静静地等待
一双双自屏中闪烁的
真诚与睿智的目光

2014-05-15

为爱歌唱

我为至诚至真的爱情歌唱,
我歌唱花前月下的卿卿我我;
我歌唱相濡以沫的同甘共苦;
我歌唱天长日久的默默奉献;
我歌唱夕阳西下的相互搀扶;
我歌唱灾难降临时的勇于担当!

我心中的歌呵,你飞吧!
飞往世界的四面八方;
飞进所有人的心坎,
让爱留住人生中最美好的时光。
让所有我为之感动过的
甜蜜或者痛苦的爱情,
都变成我们心灵中的一首歌,
在岁月的天空自由飞翔!

无论人生多么艰难,
或者多么坎坷,
爱就如同一缕春风,
轻轻拨动着我们的心弦;
爱就如同一片阳光,
默默温暖着我们的心房,
让我们变得年轻、变得富有激情;

风痕

让我们充满梦想、充满渴望……！

2014-05-18

唯有爱,埋在我的心里!

亲爱的,
你要问我么:
"车、房子,
都在哪儿?"

来,我告诉你:
"车、房子,
我统统没有,
唯有爱,它
埋在我的心里!"

2014-05-18

今夜，我就要离去

在我就要离开时
你目光依然是那么深情
深情而温柔无言
深情而美丽不息
让我不忍离去

可我还得离去
回望你的身影
黑夜中，依然那么美丽
或许这一去便是永别
泪眼中浸满着歉意

把天空中所有窥探的眼睛
留在身后，不能回头
把所有往日的情怀
深埋在未来喷涌而出的诗歌里
让我们今夜的分别，成为
你我静谧而无怨的结局

2014-05-21

一张泛黄的结婚照

端详这张泛黄的照片
不断变化着视角
从青丝到白发,三十多年
从未间断

有人说:爱你青春的靓丽
有人说:爱你目光的清澈
可我说:我更爱你满脸的皱折

端详这张泛黄的照片
是回望,也是释放
为那一路走来
沁入心底的记忆芳香
和老泪纵横的感伤

记忆如同暗夜的飞蛾
趋向烛光,头也不回
再也不会重逢的光影
发出隐约的呼唤
是绝美的诱惑,同时也是
永远无法兑现的承诺

这强烈的情绪　从何而来?
我竟然无法回答

风痕

我只知道　它
决非来自庸俗的肉身
或许　它是人类难以捉摸
存在心间无邪而热烈的爱
今夜　我借诗歌把它留存

2014-05-23

月光下的聆听

歌与词都是悲伤
穿过手机屏 借着月光
聆听 泪悄悄流淌

诉说一段遥远疏落的迷茫
当年的狂热 有过的快乐
深浅 都埋入泪中的悲凉

依窗而立的听着
唱者动情 听者饮泣
心 在风中冷若寒霜

"感动天 感动地
为什么感动不了你?"
你的歌 却感动了世界

穿越时空之殇
一首歌曲 久久地
在江南的小窗流淌

2014-05-28

雨夜情长

你的梦醒打破我的缄默
蹲在我亲手垒砌的囚笼
依稀听见 远方
来自你的叹息
我为之动容

回眸的惊艳
已融在今夜一首
凄苦哀婉的叹歌
隔着时空 我们痛惜
当年错身而过 把爱
搁浅在荒冷的戈壁

让回忆与展望重叠
并在诗歌的对白中
重新找回往日挣扎的痕迹
在细雨霏霏的夜晚
苦苦思考彼此的选择

2014-05-29

水手

大海是鱼儿的故乡
天空是鸟儿的天堂
信念是水手的力量
彼岸是远航的方向

搏击不是水手生命的铺张
恶浪决不会让勇敢者彷徨
即使狂风折断了桅樯
可梦依然在大海上飞翔

信念幻化的坚强
驱散了航程的感伤
个性中那一份张扬
那是坚定者的桀狂

昂起的头迎着火红的晨阳
挺起的胸装着漫天的风浪
在浩瀚无涯的大海上
勇敢的水手载着梦远航

2014-06-04

这恼人的短信

正在创作
垃圾短信自天上来
一条又一条
铃声响个不停

把怒火压在心中
不再搭理它
或干脆设置为静音
让自己躲进片刻的安宁

思绪已被打乱
激情趋向暗淡
暗淡如同一只怪兽
吞噬了所有的灵感

时间在昏聩中消耗
勤勉的钟数着
生命凋零的速度
让我嘘唏不已

2014-06-09

爱的坚守

假如能看见来自天堂的彩虹
假如能听见来自天堂的笑声
过去所有的付出和坚守我都不后悔
哪怕耗尽自己的一生
在充满罪恶的世界
要独自面对苍凉的人生
在寂寞难耐的夜里
要忍受一个人的孤独
隔着永恒的距离
我们阴阳怅望
爱能否穿越生死的界限
在黑夜与白天的交汇处萌发
纵然活着非常艰难
也要为誓言而坚守
我要把我飞翔的灵魂
永远囚禁在自由的牢笼

2014-06-10

退休来临前的抒怀

是的，当这一程走完
所有的悸动都将深埋
奋斗了半生却从此消失的背影
再也无法重温那熟悉的旋律
多么无奈，这人生的布局

记忆变淡，情爱成灰
唯有在诗行里呼吸与追悔
可写下的所有诗句
却成了晦暗的梦境

尽管这一切我并不能左右
人生也无法稍作停留
可我想告诉人们
从此，我将不再忧愁

2014-06-11

答友人

青春已逝去。
逝去的青春，就像
一条荒芜的路径，
艾草凄凄。
斑驳之间，
几多小花，
早已凋零。

冷雨里，
你陡然回忆起
当年一瞥之后的放弃。
是怯懦，
还是过于高傲？
多么匆忙地选择。
此刻，泪水悄悄滑落。

朋友，你无需悔恨，
更不要忧伤。
也许你当初看见的
只是一轮皎月，
远远望去，它很美，
真正走近，除了寒冷，
便是一片荒凉。

2014-06-12

风痕

乌衣巷

走进乌衣巷
敲开朱漆门
问一条
走回东晋的路
我要与谢公
下一盘棋
棋中的胜负
远在千里之外

人去楼已空
只留下一段传奇的故事
还有那个血色的黄昏
传来南海霍霍的磨刀声
小巷长长，时光悠悠
谢公安在？
问堂前燕
不是当年

2014-06-13

【注释】
"玉龙艺术奖"全国文化作品大赛参赛作品。
①乌衣巷：南京城内街名，位于秦淮河之南。三国时期吴国禁军驻地，由于当时禁军身着黑色军服，所以此地俗语称乌衣巷。在东晋时以王导、谢安两大家族，都居住在乌衣巷。

②谢公：即谢安，东晋政治家，军事家，官拜太保、都督十五州军事、假黄钺。当年，谢安一边下棋，一边指挥八万兵马打败前秦百万来犯之敌，这就是著名的"淝水之战"。

风痕

友谊的背叛和背叛的友谊

去吧，你肥沃的土地，你美丽的家园，
如今充满着邪恶，充满着贪婪！
还我烈士吧，他们在这里已无法安睡。
尽管他们曾热爱过这片土地；
尽管他们为了这片土地而长眠于此，
然而，湄公河的咆哮，穿过大海
淹没了历史的喘息；长山扬起的尘埃，
飘落大地，掩埋了历史的印记。

呵，我幼年时，耳边常常响起：
"同志加兄弟！"听，这话说得多动听！
虽然我不懂，可我还是学着大人激动过。
当我长大后，我的耳边依然听到的是：
"同志加兄弟！"说得还是那么动听。
这时我懂了，我为此热血沸腾过。
就为这动听的话语，我还煽动了我的幻想：
呵，这兄弟般的友谊一定会万古长青！

噫，烈士的魂灵，我仿佛看见了，
看见他们在硝烟弥漫中升腾！
那一定是英雄们在驱法、抗美的战斗里，
迎着枪林弹雨，冲锋于丛山峻岭之中！
在九百六十万平方公里的大后方，每当风云骤起，
十万万同胞手挽着手，发出雷鸣般的吼声！

一个弹丸小国,一个弱小的民族,
凭借这背后的力量,巍然屹立在世界的东方!

伟大而不幸的祖国,难道没有恶兆
预示你的真诚友情或被他人背叛?
呵,尽管你慷慨大度,一忍再忍,
背信弃义的人们从来没有在乎过。
什么是友谊?不幸啊,这已成为奢谈,
"利益高于一切"的法则再一次得到验证,
看,那同志加兄弟正挽起魔鬼的臂膀,
在南海,在太平洋掀起一阵又一阵恶浪。

望着手中历史的证物,我于惊愕中凄凉,
尽管令人难过,还是让它贴紧我的胸膛。
还需保存那份真诚而使它成为永恒?
无数事实告诉我们:不能,再也不能!
此时,我耳旁响起了另一个声音:
"朋友来了有好酒,敌人来了有猎枪!"
看,战舰已经起航,战鹰在蓝天上飞翔,
谁胆敢来侵略咱,就坚决叫它灭亡!

2014-06-14

黑夜里的天使

她把炽热的情感
投在满天的星上
让黑夜中的迷失者
眼里，充满着
——希望

2014-06-16

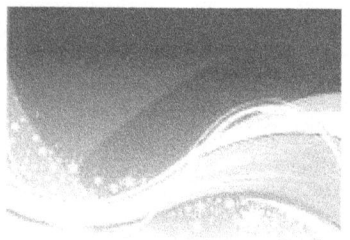

一盏小灯

我的余生不知还有
多少个黑夜
但愿这每一个夜晚
都有一盏小灯
虽然再没人陪我
沿着这条熟悉的小路
以温柔的手臂
轻挽着我的胳膊
但有了这盏小灯
它能照亮脚下的路
即使前方再黑
迈出的脚步
非常踏实

这盏小灯无需多亮
我只请求它能够照亮
前方的小路
让小路承载着未来
轻盈的脚步
听那脚步的节奏
伴着黑夜的簌簌声
写就一行小诗
这小诗
就写在这条小路上的

风痕

我的足迹
我的孤影

2014-06-16

男人,女人,梦

什么是爱情?
一个男人,一个女人,
再加一个梦。
若是没有爱,
光靠梦是不行的。
这世上,
不缺男人和女人,
唯独缺少爱,
梦也大多是恶梦。
但愿早点醒来!

2014-06-17

复活

疯了,真是疯了
被钉在黄昏的十字架上
竟然能挣脱,一声大喊
灵魂从肉体中飞出

血色的黄昏
游灵得到了错误的暗示
呼啸着,号叫着
飞向遥远

灵魂哪里安歇
未来是否光明
夕阳西下的方位,黑色升起
又一个长夜,日暑荒废了

但,它复活了
那疯狂的炽热
像岩浆,即使会冷却
也曾迸发过

2014-06-17

最后

最后一扇大门关上了
你含泪的眼迎着六月的风
在夏日百鸟啁啾之外
凄楚的荒草地
正在一场肃穆的葬礼

人们看不见任何仪式
也没有人哭泣
悼词是六月的风
在空旷的原野上哭唱

这关上的是最后一扇门
最后一滴泪,风儿在哭唱
倚着前面的匮乏
你看到将来的什么

2014-06-18

手机

小小的手机
托起遥远的情酬
温馨夹着狂野的思念
从你我的指尖
流向彼此的心头

江南的细语
北国的歌喉
欲止还无休
在心灵孤寂的大海
撑起一叶小舟

不会奢谈未来
也不会为明天忧愁
我们设定的目标
就在今天就在手中
快乐在心河奔流

2014-06-20

心灵的冬季

心走进
走进了的冬
一条凄冷的荒径
众鸟飞尽,木叶萧条
只有你依然苍白的脸
独守着天地的寂寞

冷雨里
你是否会忆及
春日里的一片绿
和一朵误入眼帘的花蕊
留下我痴痴伫立蓝天下
带着怦然心动的怆然

穿越时间之殇
一支歌谣仍在
心河流淌
在这人迹罕至的荒野
一阵微弱的足音
响成曲终的结局

2014-06-23

风痕

大沙河的紫金花

开在大沙河的紫金花啊
你兀自香着
在这喧嚣城市的一角
随风摇曳
婀娜多姿

开在大沙河的紫金花啊
你亭亭玉立
可有谁知道你曾
饱经风霜
楚楚可怜

开在大沙河的紫金花啊
待到秋去万花纷谢
唯有你依然嫣红的脸
默默守着城市的一角

2014-06-25

【注释】
①大沙河：我的家乡南京六合境内的一条河流。
②紫金花：花期冬春之间，花大如掌，略带芳香，五片花瓣均匀地轮生排列，红色或紫红色，十分美观。终年常绿繁茂，颇耐寒，耐烟尘。

诗人

诗人,是寂寞的
在这个世界上
一群永远的歌者
你再看身边的应者
寥若晨星

诗人,是感性的
在茫茫的人海里
寻找着真诚的友情
你再看熙熙攘攘的人群
默默走远

诗人,是柔弱的
在无数寂静的夜晚
兀自吞噬着感伤
你待到日出时
心还得流浪

诗人,是思想者
在腐朽与黑暗中
企图用思想的火花照亮世界
你却往往站在
一片深沉的黑暗

风痕

诗人，是战斗者
在充满罪恶的世界里
奋力投出了匕首和投枪
你也许没有料想到
首先倒下的却是自己

2014-06-28

【注释】
此作刊登在《金秋文学》2014年第3期。

赏相册中的一朵小花

既然注定无法入睡
那就别再躺下
坐到书桌前
戴上老花镜

一朵清丽的小花
盛开在春光里
洋溢着高洁和孤傲
在眼前轻轻摇曳

一丝微笑,任春风解读
一缕思绪,随清香飘漫
你,一朵清丽的小花
朝迎晨风,夕伴晚霞
香也悄悄,雅亦幽幽
媚而不俗,艳而不妖

展开丰富的遐想
融进美好的春光
多想为小花写一首小诗
可献给小花的诗
早已被花儿写满

2014-07-01

一只蜂的绝唱

沉浸在梦中
梦着远方的风景
花上飞满了蝶
那里已没了盘旋的空间
而你痴迷如许,日日夜夜
依然,不停地"嗡嗡"
那一声声感伤的音调里
倾诉了无尽的哀怨
哦,你心中有着
太多的寂寞,太多的思念
于是,你就在梦幻里
时而高歌,时而低吟
向着远方的风景
如同飞蛾赴火,结果是
一幕永恒的悲剧

2014-07-04

一张照片

遇见你和认识你
只是在一张照片上
照片上的你面若桃花
托腮凝眸,神采飞扬
那份温柔,那份妩媚
深深植根于我的梦乡

你陶醉在青春的梦幻
朝霞般绚烂的笑靥
把热烈的梦绽开
永不倦怠的眸子
把属于你的花季
叠成一束束
散发着青春的未来

你青春的梦幻
源自于你的活力
晶莹的眸子里
弹拨出如彩的旋律
洒一串漫天的音符
那银铃般的笑声和歌声
在我的耳际回荡

你青春的梦幻

风痕

源自于你的坚强
明澈的眸子里
洒满了人生的希望
在前行的路上
接受风霜雨雪的洗礼
一千次,一万次
从不落泪,从不忧伤

为了明天的希望
让我也随你一起歌唱
让歌声洒满我的未来
让我的未来不再有悲伤
并以我最最潇洒的形象
展现在未来的路上

2014-07-06

真情告白

多想,多想
把我们的故事
写成一首诗
用我拙劣的笔

诗中,有温婉幽雅地浅唱
有热情奔放地呐喊
有痛彻心腑地呻吟
有歇斯底里地呐喊
那里记录着我们短暂的经历

而岁月沧桑
缘起或缘落
都将融入,这首诗中
我遂看见,一股
无以言状的情绪
像一条尚未命名的河流
在我的诗稿上
毫无节制地泛滥

2014-07-08

背影

寂寞的窗前 蓦然闪过
一抹背影 乌黑的秀发
飘逸在纤细的腰际
背影过后 云消月明
银辉洒落 洒落在
紫藤红墙 空寂的小院
几许春情 悄然滑落
滑落 滑落成几滴泪花
风骤起 夜已深 人更静
月斜 影无踪

我多想乘风而去
去哪里？去寻远去的背影
月光似水 背影遥遥无期
我默默鼓励自己
再寻下去 再寻下去
也许 背影就在前面等待
漂泊的云 倦游而归
在我柔柔的眼波里
划上一道七彩的虹
终于又划上一个圆圆的梦

2014-07-10

依然还是你

多少年
我好想,好想
一点一点剔去
深埋心头的记忆
以及痛彻心扉的悲伤

多少年
我也想,也想
一点一点寻找
劫后余生的快乐
以及绚丽的人间晚情

可为什么
我越是努力去剔除
久远的记忆越清晰
我越是努力去寻找
属于我的快乐却越少

寂寞愁长的夜晚
我惊讶地发现
窗前闪过的身影
和我顾盼流连之间
依然还是你

2014-07-14

我来了

云说，我来了
我随风而来
还将随风而去

雨说，我来了
我这一来
就不会再去

我说，我来了
我本不想来
也不想离去

云，你活得
是洒脱
雨，你活得
是执着
而我，活得
是无奈

2014-07-16

写进小诗里

将岁月
写进小诗里
反复斟酌，然后
轻吟，眼角
流下的是
辛酸的泪滴

将倩影
写进小诗里
反复斟酌，然后
凝视，眉宇
流露的是
一丝的窃喜

2014-07-17

晨夏荷池

翠绿的衣裙
飘闪着
昨夜忘归的星辰
嫣红的脸庞
映照着
黎明初升的朝霞

大姑娘,小媳妇
嗅一口迎面扑来的芳香
碧澄澄的池面顿时
拨响一曲曲深情的恋歌

晨夏的荷池
瑰丽芬芳的世界
歌声缭绕,唱响一幅
充满灵动的图画

2014-07-18

儿时的盛夏

儿时的盛夏
火炉一般的太阳
高挂在湛蓝的天空
在家乡的大地上
肆虐地烘烤

一丝风也没有
庄稼耷拉着脑袋
连小狗也伸出腥红的长舌
倦缩在墙角下喘着粗气
唯有知了不知疲倦地
向这个世界大声抗议着

一群光着腚的顽童
在池塘里忘情地戏水
母亲们扯起嗓门
呼唤着小崽子回家吃饭

傍晚来临,繁星点点
人们纷纷来到打麦场纳凉
爷爷轻摇起芭蕉扇
绘声绘色地向一群孩子

风痕

讲述着牛郎织女的故事

今又逢盛夏
人们贪恋着空调的清凉
儿时许多的记忆
只在童话中徘徊

2014-07-19

阳山碑材与坟头村

当神勇的明成祖企图以构建丰碑来
洗刷弑君篡位的耻辱,阳山深处的石头
记载了一个死去的村庄如何诞生
在一片青山绿水之间,夕阳西下
残碑的围栏前,一群游人听着导游讲述
七百年前一段惨绝人寰的故事
碑座、碑额、碑身静静地躺着
所有活着的和将要死去的都保持着沉默
它们似乎听到"坟头村"近万尸骨的哭嚎
在这里,盛夏吹来的风都让人寒彻
七十三米的残碑,三万吨石料,永远躺在
躺在劫后余生的青山绿水之间
当世界依然一片喧嚣,人们还在狂躁
残碑在崇山峻岭的静谧中,穿越七百年
向人们诉说着"死"是永恒的真理

2014-07-20

【注释】
①阳山碑材:阳山碑材位于南京中山门外,因遗存有明永乐年间巨大的碑石而闻名于世。碑材系明成祖朱棣为其父朱元璋树碑而开凿的巨型石材,后因种种原因弃之未用。
②坟头村:为取此石材,近万名民工累死在采石场,今碑石附近"坟头村"即是当时民工的合葬地。

孤独中的甜蜜

这繁华喧嚣的城市
对于我总是那么糟糕
高楼遮住了我的视线
使我难以望尽遥远的地方
噪声灌满了我的耳朵
让我无法得到片刻的安宁
我唯有坐在毫无生命的电脑前
从荧屏中眺望无限的空间
去享受超脱尘世的宁静
和无与伦比的深邃
我在这里可以倾听朋友喁喁细诉
我在这里可以欣赏遥远的旖旎
每当此时我便会想起了永恒
在这城市一隅的一间小屋里
将时光和生命永远定格在此刻
未来的岁月我一片茫然
能在这无限的荧屏中沉没于世
不能不说是孤独中的甜蜜

2014-07-22

拜谒孙中山陵寝

一座雄伟的
陵寝，它的肃穆
试图留住一个记忆

他平躺着
在汉白玉的灵柩上

他的睡去，曾使
无数人醒来，如同
耶稣的精神救赎
可他，却无法复活

当人们从四面八方
纷纷而来
有谁再倾听
那久远的故事
有谁能忆起
那黑暗的国度

一座雄伟的
陵寝，它的肃穆
却成了一张张背景

2014-07-23

旅途

像一层斑驳的轻纱
迷漫的雾在原野上飘浮
汽笛嘶鸣,一辆辆车
缓慢地在大道上爬行

唱吧,旅途是如此沉闷
在路上,在闷罐般的车厢里
一支哀婉深情的歌唱响
这歌声让我无限感伤

唱吧,姑娘!我默默地
贪婪地聆听着你的歌唱
因为这首歌我曾经听过
那是在我临行前的那个晚上

唱吧:"不愿放弃你的爱,
这是我长久地期待……。"

2014-07-25

我来了，美丽的赤峰

美丽的赤峰大草原
我来了，来得很轻
轻的也许您没发现，因为
我不想打扰，不想打扰
您那千年的静谧
轻轻地，我走近您
中华大地的一颗明珠
北国边陲的一片热土
您，像一轮明澈的弯月
在那遥远的天际
频频地向我招手

轻轻地，走近您
北国迷人的仙境
辽阔的贡格尔草原，和
八百里瀚海的大漠孤烟
似惊梦中的幻象
激发我沉睡已久的神情
清澈的达里诺尔湖，和
蜿蜒的西拉木伦河
在这令人诅咒的盛夏
如同一道清凉，穿透我的心灵
辽中京遗址、白音敖包……
这些给予人美丽与沉思的景物

风痕

无不散发着迷人的气息

轻轻地，我来了
如同一个精神拾荒者
来到精神家园的归属地
朝拜启迪人间的菩提。我安静
在如梦似幻的达里诺尔湖
让天籁涤洗被世俗污染的灵魂
再轻轻地躺下，仰望着蓝天
启动我缜密的思维
祈求叩开您清澈的心灵
采撷一片不世的情缘

轻轻地，我走了
我愿将自己的心灵
细细铺洒在您的山巅和草原
我愿用自己的一腔热血
无悔地与您交换那一泓翠碧
我愿以自己的生命
化着您上空的一片云雨
从此以后，我就能
永远投入您的怀抱
徜徉于高耸的群峰之间
飞身跃入翡翠般的湖水
溶进漫山遍野的无名小花

2014-07-27

夏日的沉醉

行走微明的晨光里
看"莫愁"夏色
苍翠之间,一湖碧水
倒映沉醉的江南

半幅莲花
撩开湿漉漉的面纱
像温软的少女
寂静无声,于湖中
望穿秋水

谁,唤起暮年的少狂
一张老脸,临风舒展
仰起欣赏的视角
最美的月季,让我
有了怎么的想象

此刻,多么渴望
一袭清凉的幽香
给我一场热恋的幻象
绿荫下,古桥上
一把花伞下遮羞的姑娘

怒放的白,把我唤醒

风痕

　　我才知觉,光线的亵渎
　　消失了眷恋风月的瞳孔
　　一片燃烧的景色
　　透出迷醉的绚丽
　　我不得不,为此
　　召回心中的梦想

2014-07-30

沉默吧,永远

一帘幽梦随着那个死去的春季
遗落在空寂的山林

　　QQ删了,微信断了
　　在有声里,在无声中
　　再也无法寻到你的芳踪
　　就让失意和悲伤
　　勾兑成悔恨的泪
　　在今夜泛滥成河

　　屋里的空气已经凝结
　　死神在暗处偷窥
　　一盏忽闪的灯
　　或许行将熄灭

　　把虚无的梦揉碎
　　放进盛满烟头的铁罐里
　　既然已不再有幻想
　　那就沉默吧,永远
　　决不反悔

2014-07-31

是谁抹去我心中的故乡

年轻的时候
我常常奔波于这个郊外
一个不大的村庄,我可爱的故乡
那时的故乡,多么美丽
那时的村庄,多么幽静
村头小路的两边都是农田
一片片庄稼长势喜人
当你行走在这片田野里
眼睛看到得和耳朵听见得
蝴蝶在花丛中飞舞
鸟儿在蓝天上歌唱
缕缕炊烟从村落里袅袅升起

如今我又来到这个曾经美丽的郊外
村庄没有了,庄稼没有了
一排排混凝土堆满了大地
门前那条熟悉的小河依然还在
可岸边排列着整齐划一的大树
在炎热的夏日里显得疲惫不堪
没有了鸟声,没有了风声
宽阔的柏油马路这边和那边
喧嚣堵塞了我的心
我的心如同被拆去的村庄

是谁抹去我心中的故乡

我的心如同被拆去的村庄

2014-08-01

分别

与你分别的时候,
正是深秋,
我的心像孤月,
把寂寞倾洒一地。
望着纤柔的身影渐远,
我的泪悄然滑落。

多少次,想挽留你,
飘落的叶告诉我说:
"她不属于你!"

秋风消去热烈过后的余温,
温馨夹杂着酸涩,
从眼眸中,
向我的心头流泻。

分别或将是永别,
道一声珍重吧!
无论我漂泊到哪里,
无论未来会是怎样,
握住的手虽已分开,
我的心会紧紧贴向你。

2014-08-02

蜕变

爷爷那辈人谈对象的时候
男人住在村的东头
女人住在村的西头
唯有待到上了花轿
这才相识在揭开红盖头

父亲那辈人谈对象的时候
男人忐忑地走在前头
女人羞涩地跟在后头
从日出到日落
没敢牵一下彼此的手

我们这辈人谈对象的时候
男人搂起女人的腰
女人挽着男人的手
一旦周围没人
快速"啃"上一口

如今年轻人谈对象的时候
男人在网络这头
女人在网络那头
三天没到晚
两人上了床头

2014-08-03

七夕泪作

葬你于高山之巅兮，
我的爱妻。
爱妻一去不归兮，
倾泪别离。

想你于寂静之夜兮，
我的爱妻。
爱妻永不可见兮，
黑夜凄迷。

等我于天国之上兮，
我的爱妻。
聚首之日不远兮，
后会有期。

天苍苍，
野茫茫，
遥望高山之巅兮，
我之情殇。

2014-08-04

格律诗词

沁园春·赞青奥会

八月江南,火树银花,万众跃腾。
喜天涯远客,光临盛会;五洲劲旅,汇集金陵。
穿越时空,点燃激情,奥运精神我辈承。
惊回首,看沙场点将,纪录飙升。

金陵儿女多情,尽赤子之心报国诚。
看全城上下,齐心协力;秦淮内外,众志成城。
绿色谋篇,勤廉执政,四海宾朋举手称。
东道主,作风流一梦,石破天惊。

2014-03-20

【注释】
此作系参加南京市"建业杯.勤廉青奥"诗词楹联大赛的参赛作品之一,刊登在2014年5月29日《江苏科技报》。

诉衷情·赞青奥中的纪检

金陵八月战旗遒,奥赛竞风流。
今朝纪检何处?帐后运筹谋。

兵未动,律先修,洁廉求。
此情谁料,一颗红心,万般情稠。

2014-03-20

【注释】
此作系参加南京市"建业杯.勤廉青奥"诗词楹联大赛的参赛作品之二。

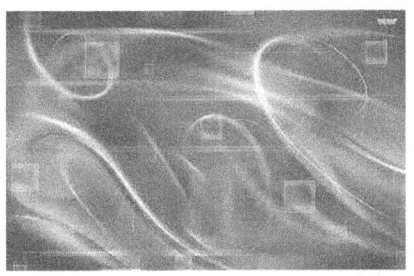

风痕

鹧鸪天·青奥中的纪检

自古监军少作为,金陵纪检世之师。
清廉秉政勤三省,杜渐防微常警危。

把严关,出新规,一身正气撼须弥。
高风亮节丹心照,留得馨名奥史垂。

2014-03-20

【注释】
此作系参加南京市"建业杯.勤廉青奥"诗词楹联大赛的参赛作品之三。

七律·勤廉青奥

八月长空格外明,
千军万马汇南京。
勤廉办会开新唱,
纪检谋篇出悍兵。
袖挽清风图大业,
身怀正气蔑虚名。
金陵盛况扬天下,
捷报频传四海惊。

2014-03-20

【注释】
此作系参加南京市"建业杯.勤廉青奥"诗词楹联大赛的参赛作品之四。

念奴娇·秦淮今夜明月

欢歌八月,俏金陵,笑迎五洲宾客。
圣火熊熊人道是,激动人心时刻。
热舞狂歌,轻弹慢奏,娓娓真情切。
悠悠青奥,而今由我超越。

健将逐鹿沙场,气壮山河,尽显英雄结。
誓上蟾宫争折桂,纪录连连更迭。
同一星球,相同梦想,一样豪情热。
举杯高唱,秦淮今夜明月。

2014-03-20

【注释】
此作系参加南京市"建业杯.勤廉青奥"诗词楹联大赛的参赛作品之五。

鹊桥仙·青奥新风

不同肤色,不同种族,共创奥青梦想。
更高更快更坚强,看纪录、扶摇直上。

和谐社会,和平世界,人与自然共唱。
勤廉办会树新风,说盛况、群情激荡。

2014-03-20

【注释】
此作系参加南京市"建业杯.勤廉青奥"诗词楹联大赛的参赛作品之六。

满江红·青奥新歌

八月金陵,旌旗展,东风猎猎。
凭望处,长江浩荡,碧天飞雪。
盛世欢歌歌不尽,祥年笑语声无绝。
看而今、奥运梦圆融,豪情热。

传圣火,情谊结;承奥运,全民悦。
赞风清叶绿、政勤官洁。
四海佳宾夸圣会,五洲健将争豪杰。
笑举杯、看小小寰球,同凉热。

2014-03-20

【注释】
此作系参加南京市"建业杯.勤廉青奥"诗词楹联大赛的参赛作品之七,刊登在 2014 年 5 月 29 日《江苏科技报》。

捣练子·金陵今夜无眠

山野绿,战旗红。
奥运新歌唱大同。
今夜金陵人不寐,
歌声和月到天宫。

2014-03-20

【注释】
此作系参加南京市"建业杯.勤廉青奥"诗词楹联大赛的参赛作品之八。

采桑子·球场战犹酣

江南八月风光好，
草绿旗红。
草绿旗红，
且听球场战鼓隆。

喊声歇尽斯人去，
没觉场空。
没觉场空，
耄耋全然在梦中。

2014-03-20

【注释】
此作系参加南京市"建业杯.勤廉青奥"诗词楹联大赛的参赛作品之九。

西江月·青奥抒怀

帐后谋臣妙算,
场前将士干戈。
硝烟弥漫看人和,
胜负难分你我。

今日金陵鼎沸,
欢歌震撼山河。
勤廉奥运好评多,
大地清风吹过。

2014-03-20

【注释】
此作系参加南京市"建业杯.勤廉青奥"诗词楹联大赛的参赛作品之十。

七律·痛MH370航班失联

云海茫茫舛事多,
九洲望眼泪婆娑。
银机展翅寒流急,
战舰征涛恶浪过。
眷属悲鸣殇日月,
黎民爱悯恸山河。
祈求病水祥麟起,
莫让苍生度劫波。

2014-03-24

【注释】
此作刊登在《江海诗词》2014年第2期。

七绝·普觉寺扫墓泪笔二首

山苍竹翠草依坡,
石乱烟升鸟倦歌。
泪坐碑前寻旧影,
抬头忽见雁飞过。

野岭春寒风似剑,
碑前语哽哭先人。
红颜欲问因何故,
常在涧门责自身。

2014-03-25

水调歌头·激情青奥

故国今潇洒，最数我升州。
正逢青奥，佳处盈耳劲歌遒。
放眼江山万顷，中有花红水绿，览醉客人眸。
回首河西地，奥馆送情稠。

争超越，多尊重，友情留。
承先启后，青奥理念唱千秋。
绿色、人文、活力，倡导勤廉办会，志愿者多牛！盛会青春舞，世界听歌喉。

2014-04-09

【注释】
此作系参加南京市"建业杯.勤廉青奥"诗词楹联大赛的参赛作品之十一，刊登在 2014 年 5 月 29 日《江苏科技报》。

永遇乐·盛赞青奥会

青奥纵横,英雄无数,金陵佳地。
竞技擂台,风流总是,一代青春戏。
欢声笑语,狂歌劲舞,处处激情如炽。
看场馆,龙腾虎跃,卓越友谊同萃。

今夸盛会,推崇环保,活力人文鼓吹。
再论民心,群情鼎沸,义士多豪志。
更看幕后,官场上下,一代勤廉风挚。
此时叹金陵盛景,为余沉醉。

2014-04-09

【注释】
此作系参加南京市"建业杯.勤廉青奥"诗词楹联大赛的参赛作品之十二。

风痕

七律·兴化千岛菜花风景区

苏中三月好风光,
遍地金黄遍地香。
舫驶蜿蜒千碧上,
人投锦绣万菲旁。
农家小院炊烟起,
远客盘中美味尝。
日落游人何处去?
杯残醉卧梦瑶乡。

2014-04-12

【注释】
千岛菜花风景区:首批中国重要农业文化遗产,江苏省四星级乡村旅游点。千垛景区以"垛田"特色地貌享誉全球。每年清明时节,千垛景区四面环水的"垛田"上长满了金黄色的油菜花。一幅"油菜花开金满地"的壮阔美景,吸引了众多前来观光的游客。

醉花阴·贺大陆诗人交流团赴台

四月诗家沧海渡,
喜获台湾赴。
兄弟泪相逢,笔意纵横,再拓诗歌路。

杯残一曲声如诉,
对视人迟暮。
莫道晚风寒,重塑江山,绿醑留君步。

2014-04-17

【注释】
2014年4月20日,应台湾文联主席陆炳文邀请,大陆诗人交流团将赴台交流访问之际而作,刊登在《世界汉诗报》2014年第2期。
绿醑:即绿色的美酒。

七绝·香港浅水湾二首

浅水千波数点鸥，
青丝万缕几根愁。
惊鸿远去终无影，
欲寄孤心到蒋洲。

碧海漂来第一湾，
豪门竞向铸营关。
才看富贾千金散，
却见穷人泪长潸。

2014-04-21

【注释】
大陆诗人交流团港台行系列作之一,刊登在《世界汉诗报》2014年第2期。
①蒋洲：隋唐时期，南京称之为蒋洲，因蒋山（即紫金山）而得名。
②第一湾：即浅水湾，号称天下第一湾，香港富豪居住集中地。

七绝·香港海洋公园二首

美冠神州第一娆,
凭山临海白云遥。
鱼跳鸟唱花团锦,
恰似瑶池落九霄。

碧海蓝天鸟逐波,
红鱼觅食眼前过。
游人赏景花丛坐,
远处春风送恋歌。

2014-04-21

【注释】
大陆诗人交流团港台行系列作之二,刊登在《世界汉诗报》2014 年第 2 期。

风痕

七绝·香港会展中心

维多利亚惊飞鸟,
驾雾腾云入浩天。
四海宾朋翘首看,
荆旗舞动帽山巅。

2014-04-21

【注释】
大陆诗人交流团港台行系列作之三,刊登在《世界汉诗报》2014年第2期。
①维多利亚:指香港维多利亚港。
②飞鸟:香港会展中心建筑造型如同飞鸟展翅。
③荆旗:香港特别行政区区旗中有一朵白色洋紫荆花,所以称之为荆旗。

七绝·金紫荆广场二首

九七花开不夜天,
百年耻辱化云烟。
荆旗舞动春风里,
统一中华慰祖先。

罄竹难书耻辱篇,
百年魔鬼舞翩跹。
荆旗一展中华笑,
还我河山伴国眠。

2014-04-22

【注释】
大陆诗人交流团港台行系列作之四,刊登在《世界汉诗报》2014年第2期。

七绝·香港太平山顶二首

绝顶穷眸一港湾,
山峦翠绿海斑斓。
豪门半掩香风里,
远客望乡泪如潸。

春风又绿太平山,
鸟唱人欢碧海湾。
欲问当年伤感事,
英伦被逐退三关。

2014-04-22

【注释】
大陆诗人交流团港台行系列作之五,刊登在《世界汉诗报》2014年第2期。

临江仙·士林官邸

雾锁楼台宫苑静,青山冷对寒空。
浮华一去蒋无踪。
远宾歌一曲,病调已随风。

皓月不谙人世事,夜阑还照幽宫。
来人谈笑士林中。
清香依袅袅,丽影折残红。

2014-04-23

【注释】
大陆诗人交流团港台行系列作之六,刊登在《世界汉诗报》2014年第2期。

行香子·中正纪念堂前的怀想

号角犹闻,战剑光寒。
　　几多载、驰骋沙场。
　　削藩驱寇,百世流芳。
叹斗萧墙,失权杖,落偏乡。

卧薪尝胆,却也无望。
　　伫高台、难眺华堂。
　　心灰意冷,亡命边荒。
留几分恨,几分悔,几分凉。

2014-04-23

【注释】
大陆诗人交流团港台行系列作之七,刊登在《世界汉诗报》2014年第2期。

七律·台北故宫博物院

青山一片数谁巅，
三斩天高也可怜。
岁久千秋融鼎里，
春深万顷化墙前。
寒风萃馆游人炽，
热雨残书远客旋。
莫道弹丸疆域小，
同心善护续龙篇。

2014-04-23

【注释】
大陆诗人交流团港台行系列作之八，刊登在《世界汉诗报》2014年第2期。
三斩：故宫博物院一分为三，即北京故宫、沈阳故宫、台北故宫。

风痕

七律·台湾101大楼

突兀高楼刺碧天。
凭阑极目海生烟。
华灯初放流光彩,
新月东升伴梦眠。
兄弟阋墙分手足,
河山阻隔哭英贤。
三通来往祥云掠,
一统神州写颢篇。

2014-04-24

【注释】
大陆诗人交流团港台行系列作之九,刊登在《世界汉诗报》2014年第2期。

点绛唇·太鲁阁国家公园

水作锋刀,切雕山险胜雄伟。
石为奇翡,呈万般深邃。

莫唱春风,盼子慈母泪。
遥情寄,举杯邀月,空有年年愧。

2014-04-24

【注释】
大陆诗人交流团港台行系列作之十一,刊登在《世界汉诗报》2014年第2期。
慈母:传说中,太鲁阁慈母桥上,一位慈祥的母亲曾久久地站立凝望,她不相信自己的儿子已经在洪水中死去,只要她活着,她就要把他盼回家。

忆江南·日月潭二首

台湾美,最美日月潭。
潋水碧蓝蓝似玉,青山葱翠翠如簪。
长夜梦正酣。

今夜美,碧水映婵娟。
陆岛相通情为水,弟兄相隔恨如天。
夜半却无眠。

2014-04-25

【注释】
大陆诗人交流团港台行系列作之十二,刊登在《世界汉诗报》2014年第2期。

七绝·燕子口二首

怅望群山少白头,
春风已断乱歌喉。
游人不懂飘零苦,
暮雨潇潇燕子愁。

峭壁葱茏涧水流,
游人兴起懒回头。
山花不解春风意,
细雨斜飞燕子愁。

2014-04-25

【注释】
大陆诗人交流团港台行系列作之十三,刊登在《世界汉诗报》2014年第2期。

七律·登格鲁岛

人登格鲁赛神仙,
鱼跃鸢飞淼若烟。
碧水蓝天歌万曲,
明阳皓月照千年。
频看海上寻新鸟,
几顾湾头觅旧船。
忽听清风扬万里,
回眸已是艳阳天。

2014-04-25

【注释】
大陆诗人交流团港台行系列作之十四,刊登在《世界汉诗报》2014年第2期。

生查子·九曲洞

九曲穿山过,鬼斧神工琢。
绝壁冷香浓,远客惊迟暮。
酒罢月随人,欲去难寻路。
燕子领君还,梦绕何时顾?

2014-04-26

【注释】
大陆诗人交流团港台行系列作之十五,刊登在《世界汉诗报》2014年第2期。

七绝·玄光寺二首

巍巍一塔记沧桑，
缕缕玄关照四方。
远客无心歌美景，
欣然佛法久留藏。

前临翠岛隐芳踪，
后对青龙露半容。
大师西行千万苦，
蒋公数字颂高峰。

2014-04-26

【注释】
大陆诗人交流团港台行系列作之十六，刊登在《世界汉诗报》2014年第2期。

苏幕遮·阳明山风景区

碧云天,苍翠地。
一览群山、尽在朦胧寐。
瀑布温泉湖各异,
笑语盈盈、惹得游人醉。

故乡遥,何日去。
静夜深深,好梦人难睡。
去意徘徊情易老,
洒入愁肠、身在云霓坠。

2014-04-26

【注释】
大陆诗人交流团港台行系列作之十七,刊登在《世界汉诗报》2014年第2期。

七绝·溪头森林游乐园二首

三面环山水向东,
松青竹翠鸟含风。
游人误以桃花源,
北望中原盼一同。

山中绿雾泛青波,
海上红霞胜紫荷。
半是春风招客醉,
由来花下纵情多。

2014-04-27

【注释】
大陆诗人交流团港台行系列作之十八,刊登在《世界汉诗报》2014年第2期。

浣溪沙·士林夜市

美味佳肴集士林,
人间仙境也难寻。
夕阳西下客家临。

一曲欢歌须酌酒,
游人醉入梦中吟。
离魂归去夜深深。

2014-04-27

【注释】
大陆诗人交流团港台行系列作之十九,刊登在《世界汉诗报》2014年第2期。

石州慢·阿里山

日出霞飞,云海炫斓,山际烟阔。
千峰秀木相望,万壑溪流争越。
红樱倩影,只看几许销魂;层林尽处惊飞鹊。
又听见欢歌,是姑娘心切。

心折。
忆追往昔,恶虎纵横,丽人呜咽。
阿里英雄救美,千秋豪杰。
一场雷火,留下多少凄凉,唾壶空击悲声喧。
泪尽酒醒时,恰游人离别。

2014-04-27

【注释】
大陆诗人交流团港台行系列作之二十,刊登在《世界汉诗报》2014年第2期。

谒金门·游六合夜市

台湾暮,赚我一番情愫。
夜市归来东欲曙,点名无妇孺。

谁在精烹细煮?谁在猛吞如虎?
若是来年寻旧户,东风擂万鼓。

2014-04-28

【注释】
大陆诗人交流团港台行系列作之二十二,刊登在《世界汉诗报》2014年第2期。

醉花阴·游西子湾

碧水蓝天人窈窕,
粉黛知多少?
杜宇唱东风,共约寻芳,一曲歌声缭。

归来把酒豪情表,
听夜鸡鸣晓。
莫道不销魂,好梦留香,醉眼天穹小。

2014-04-28

【注释】
大陆诗人交流团港台行系列作之二十三,刊登在《世界汉诗报》2014年第 2 期。

秦楼月·打狗英国领事馆

风刚歇。故园目断豪情烈。
豪情烈。青山如黛,夕阳如血。

可堪临近黄金节,五洲四海同欢悦。
同欢悦。打狗馆内,凝眉听说。

2014-04-29

【注释】
大陆诗人交流团港台行系列作之二十四,刊登在《世界汉诗报》2014年第2期。

如梦令·垦丁公园

误以桃园漫步,
人在垦丁深处。
兴尽晚回归,
沉醉忘归路,
无助,无助,
远客不期而遇。

2014-04-29

【注释】
大陆诗人交流团港台行系列作之二十五,刊登在《世界汉诗报》2014年第2期。

念奴娇·知本温泉

台湾南去,一仙境,此乃知本泉浴。
梦入瑶池,人道是、七女凡间留迹。
碧水蒸腾,氤氲翻滚,耳畔漫幽曲。
逍遥洗毕,神清肤爽人适。

浴后拍手狂歌,举杯邀月,玉女陪豪席。
起舞芳菲风露下,酒醒不知今夕。
远客池边,馀香弄月,唯有多情惜。
风生笔下,忽来愁雨精魄。

2014-04-29

【注释】
大陆诗人交流团港台行系列作之二十六,刊登在《世界汉诗报》2014年第2期。

太常引·珊瑚展示中心

台湾海馆客如鹅,荡水泛清波。
欲问一阿婆,谈笑里、珊瑚话多。

千年分泌,万年堆积,静力细雕磨。
人道是、朱霞秀荷。

2014-04-30

【注释】
大陆诗人交流团港台行系列作之二十七,刊登在《世界汉诗报》2014年第2期。

七绝·水往上流

台东有水往上流,
幻象迷离小灌沟。
远客争评其奥秘,
面红耳赤语无休。

2014-04-30

【注释】
大陆诗人交流团港台行系列作之二十八,刊登在《世界汉诗报》2014年第2期。

七律·北回归线纪念碑

细雨嘉南傍远愁,
由来好句病情遒。
林花深处杯中酒,
海鸟飞时独倚楼。
北望回归人不寐,
南窥关岛鬼无休。
今宵相别还相忆,
莫让诗家恨白头。

2014-04-30

【注释】
大陆诗人交流团港台行系列作之二十九,刊登在《世界汉诗报》2014年第2期。

虞美人·大理岩峡谷

兰花落尽西天紫,
日暮沧波起。
急驰大客贴云飞,
险境人稀鸟绝盼回归。

游人入峡欢心指,
涓水溪中迤。
无边厥绪苦相依,
断尽山中美色月斜晖。

2014-04-30

【注释】
大陆诗人交流团港台行系列作之三十,刊登在《世界汉诗报》2014年第2期。

捣练子·野柳地质公园

仙女俏,女王朦,
狗石龙头沐海风。
远客归来人不寐,
窗含半月似弯弓。

深夜静,恨无休,
兄弟内阋兄弟愁。
杜宇声声人已瘦,
江山空有一腔柔。

2014-05-01

【注释】
大陆诗人交流团港台行系列作之三十一,刊登在《世界汉诗报》2014年第2期。
仙女、女王、狗石、龙头是指野柳地质公园内的仙女鞋、女王头、海狗石、龙头石景点。

行香子·中正纪念堂

水秀山青,日暗天昏。
众来宾、涌入高门。
微风拂面,细雨飞身。
看殿多伟,人多醉,语多真。

人生易老,逝水无痕。
想当年、气宇昂轩。
君王一梦,恍若浮尘。
叹堂中像,石中泪,画中魂。

2014-05-02

【注释】
大陆诗人交流团港台行系列作之三十二,刊登在《世界汉诗报》2014年第2期。

七律·台湾行与诗友别

桃园泪语刚伤别,
几日江南似一年。
自古情多情易老,
而今夜深夜难眠。
悲歌向远风无力,
冷月临窗柳不翩。
借问梅花何处落,
春来一朵立门前。

2014-05-04

【注释】
大陆诗人交流团港台行系列作之三十三,刊登在《世界汉诗报》2014年第2期。
桃园:这里是指台湾桃园机场。

七绝·垂钓归来与静夜愁吟二首

独钓归来欲叩门,
楼中犬吠吓飞魂。
愚夫怒目挥竿急,
悍妇凶煞出恶言。

静夜愁多人欲泪,
昏灯未灭梦难成。
临窗更向门前望,
院外传来细雨声。

2014-05-06

【注释】
此作刊登在《虹园诗草》2014 年第 2 期。

七绝·自勉篇

昔日蹉跎不再怜,
今朝得意莫言贤。
须知雅苑藏龙凤,
月下低眉写小篇。

诗家古往自甘贫,
绿水青山隐瘦身。
若是春来有好梦,
柴门走入赏花人。

2014-05-07

【注释】
此作刊登在《虹园诗草》2014 年第 2 期。

七律·九台鬼才边台医手

诗家艺绝数边台，
一日千歌是鬼才。
脚蹬钢驴行万里，
腰藏白堕醉三杯。
悬壶济世看医手，
泼墨书文听赞来。
唯有神仙堪比此，
人间好梦几多回？

2014-05-08

【注释】
白堕：白酒的一种别称。

七律·柴桑诗半仙一竹文斋

竹掩文斋隐半仙,
虚怀若谷写佳篇。
诗成白鹤归华表,
笔落青龙入水天。
世事多忧知傲骨,
家门重担看忠贤。
秋来一曲无穷意,
但见冰心拨晚弦。

2014-05-08

七律·长安野老返老还童

返老还童坐庙堂，
纵横百度冠诗王。
英年逸气冲霄汉，
白首豪情更桀狂。
放笔无声笺满泪，
挥毫有意墨流香。
儿郎只恨春光远，
玉户帘中抒衷肠。

2014-05-09

七律·邯郸诗杰枫叶夕照

风来赤叶拨弦琴,
一曲悠然向客吟。
寂静园中歌古调,
喧嚣国里唱新音。
平平仄仄听凄雨,
洒洒扬扬看秀林。
物换星移秋易改,
丹心夕照湿华襟。

2014-05-09

七律·亦贤亦佛清风有韵花满枝

洞户临松隔净空,
虚窗隐竹见花丛。
山林避世吞孤影,
野径图凉沐晚风。
兴逸文贤挥劲笔,
神闲禅师念经中。
还思三界斜阳下,
苦海无边话大同。

2014-05-10

【注释】
三界:在佛教术语中指众生所居之欲界、色界、无色界或指断界、离界、灭界等三种无为解脱之道。在萨满教术语中则指宇宙上、中、下三界。

五绝·岁月叹歌二首

残年今可见,
岁月亦蹉跎。
远望青云外,
潸然作悔歌。

秋深惊夜冷,
酌酒影卑微。
独卧书斋念,
谁来送寒衣?

2014-05-10

五绝·台湾行思母之作二首

老母家中念,
儿行半步忧。
三春时有雁,
一日到江洲。

独在厅中坐,
低歌似泪吟。
高堂离万里,
何日听乡音。

2014-05-11

【注释】
刊登在《虹园诗草》2014年第二期,《诗词之友》2014年第3期。
高堂:在古代的家庭里,父母的居室一般被称为堂屋,是处于一家正中的位置,而堂屋的地面和屋顶相对比其它房间要高一些,所以古代的子辈为尊重父母,在外人面前不直说父母而叫"高堂"

诉衷情·感母恩

为儿引线绣时光,两鬓染秋霜。
十年幼子腾跃,一夜远飞扬。

忧万里,怕儿凉,爱无疆。
情深如海,涌报三江,愿母年长。

2014-05-11

【注释】
此作刊登在《虹园诗草》2014 年第 2 期。

七律·安丘贤士凌川由子

凌川妙笔竞风流，
语不惊人死不休。
恣意山河千彩绘，
纵情历史万年收。
由来杰士多悲恨，
唯有先生少怨愁。
闻道神仙羞一比，
心随大海共悠悠。

2014-05-12

七律·胶东才子清风

清风伴我写华篇,
纸上春秋笔下烟。
万水千山归一统,
三皇五帝入繁笺。
常怀壮志云天外,
素有豪情不让贤。
醉语狂歌浑自在,
诗词国里舞翩跹。

2014-05-12

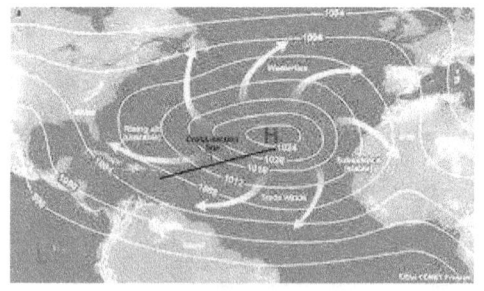

七律·傲视群芳美国风中秋叶

惜别愁窥旧庙荒，
归来衣锦拜高堂。
挥鞭弟子名天下，
落笔文章四海香。
学习洋人师万族，
宣扬国粹永无疆。
丹心寄语秋光里，
疏影横斜诉衷肠。

2014-05-13

【注释】
①美国风中秋叶：网名，华人，美国著名大学终身教授。
②衣：这里做动词用，即穿的意思。
③师：学习或师从以及拜师的意思。

踏莎行·金陵旧宫怀古

弱柳飘丝,青松滴翠,
芙蓉绽蕊千般媚。
亭台水榭秀玲珑,湖烟阁影藏奇异。

六代随风,红墙遗魅,
金陵旧梦闲情戏。
抚今追昔笑先人,山河未废诗家醉。

2014-05-14

七绝·题戴笠墓二首

一世蒙羞万古怜,
功高不幸未封贤。
非因弟子无才志,
只恨恩公没帝缘。

岱山坡上把身亡,
魂向阎罗诉短长。
自古忠奸谁敢说?
荒丘冷月话凄凉。

2014-05-14

【注释】
①戴笠墓:戴笠在南京岱山飞机失事中死亡,死后葬在中山陵。戴笠原墓地大约在 1500 平方米,墓呈长方形, 四周镶嵌花岗石,墓前竖立一块花岗石墓碑,上书"戴雨农将军之墓"系国民党元老吴稚晖手迹。戴笠墓十分豪华、气派,碑前设供奉石桌,两置石凳,墓道是水泥建造左右环绕。1951 年,戴笠墓被乱民盗毁,夷为平地。
②恩公:这里是指蒋介石。

七绝·与美返国省亲弟泛舟玄武湖二首

雨歇云飞碧水流,
秦淮五月荡轻舟。
归人笑赞湖光好,
可惜斜阳落渡头。

舸驶湖心莫掉头,
清风送目到孤洲。
酬情独对江山诉,
唯恐余生远母眸。

2014-05-16

七绝·矶头夕照二首

乱水东流日落时,
孤舟暮里苦行迟。
矶头忽见南山色,
饱蘸江风咏小诗。

西山日落渐黄昏,
独坐矶头望远村。
隔水农庄烟霭里,
霞幽柳荫鸟飞奔。

2014-05-17

【注释】
矶头:即南京的燕子矶。燕子矶作为长江三大名矶之首,有着"万里长江第一矶"的称号,位于南京市栖霞区观音门外,长江三大名矶之一,是岩山东北的一支。海拔36米,山石直立江上,三面临空,形如燕子展翅欲飞,故名为燕子矶。

七律·是夜与友酒馆小聚醉吟

柴门贵客远方来，
半老逢君有几回？
莫念身边无尽事，
偷安酒馆饮三杯。
孤魂久病诗消瘦，
白首多情梦亦哀。
欲唱欢歌声已绝，
伤时悔恨是庸才。

2014-05-19

七律·拥军先生

会长文坛是半仙,
风流洒脱写佳篇。
诗成白鹤归华表,
笔落青龙入水天。
世事多忧知傲骨,
家门重担看钢肩。
长歌一曲无穷意,
但见冰心铸圣贤。

2014-05-20

【注释】
①拥军:即周拥军:著名诗人,世界汉诗协会执行会长。
②家门:这里指世界汉诗协会。

七绝·江南野老怨雨寄情二首

泽国惊呼暴雨遒,
江南景物恍如秋。
人微义重恩难报,
唯有怜心远倦眸。

苍天有病雨猖狂,
万里鹏城变泽乡。
野老哀吟斜照下,
愁云乱渡子规伤。

2014-05-22

水调歌头·诗词的落寞

落寞话凄冷,泪眼看凉州。
由来傲岸,谁料老却入清流。
徒有豪情满志,月暗山河似睡,怨曲几时休?
梦里一觞醉,天地空悠悠。

想当年,登雅殿,上红楼。
临风酹酒,谈笑之际觅封侯。
旧日风流不再,唯与残杯为伴,回首一腔愁。
举目谁知我,远处是寒秋。

2014-05-25

【注释】
凉州:此处的"凉"字是为寒冷之说。

七律·洪灾感怀

狂风暴雨水卷泥,
百里洪峰压大堤。
但见千鸿飞影渺,
还看万庶陋房栖。
由来险象多情客,
却恨新人续旧题。
夜半难眠愁在远,
何时入梦慰苍黎。

2014-05-26

七绝·残秋怀想曲二首

五十余年身老日,
三千子夜月明天。
思君枕畔音容在,
一半忧伤一半怜。

秋来杜宇万千声,
岁暮常怀不了情。
日昃回头无丽影,
风吹病体独愁行。

2014-05-27

风流子·魂断艳柔乡

何处最难忘？行南国、坠入艳柔乡。
见椰林婆娑，竹园苍翠，花丛香绕，草地新妆。
蓝天上，浮云追日，百鸟碧空翔。
暮色又来，清风呼唤，谁同蛾黛，一诉衷肠。

回身携纤手，颦靥笑、浑似梦里春光。
最苦断肠宵别，回首凄凉。
盼春风楼上，合欢翠被，奈何无缘，此恨绵长。
若是与人说起，老泪盈眶。

2014-05-30

谢池春·六.一儿童节怅望

五十年前，少小热情初涨。
指天涯、东风所向。
银铃歌放，舞红旗台上。
接班人、志高言壮。

离园别后，梦里豪歌常唱。
叹青春、终成怅望。
儿时狂想，伴年华沦丧。
对愁眠，已无模样。

2014-06-01

七律·泪祭屈原

伫立斜晖久忘归,
追寻屈子泣声微。
丹心一片招猜忌,
妙策千条惹是非。
恨郢常逢昏暗日,
怀沙只想醒宫闱。
长歌作哭忧天问,
更有离骚万古辉。

2014-06-02

水调歌头·咏无名小花

淡伫海河岸,怒放伟燕山。
平原深处,轻洒七彩渺弥间。
本是无名小草,却有千姿百媚,丽影俏花坛。
笑傲群芳外,不念坐金銮。

经风雨,头高仰,似庭闲。
娇柔只恨长夜,洒泪强欢颜。
唯盼朝阳久照,又恐晨寒料峭,世事太艰难。
此景更清绝,回首向谁看?

2014-06-02

七绝·入中华诗词学会感赋二首

枝头鹊闹喜临门,
捷报传来热泪喷。
老骥南山情未了,
梅魂竹骨感诗恩。

才疏学浅浪虚名,
暮岁逢诗懂仄平。
数载耕耘初入道,
春风送我踏征程。

2014-06-05

七律·《世界汉诗》创刊十周年感怀

弘扬汉学见忠心,
十载辛劳向世吟。
寂静园中歌古调,
喧嚣国里唱新音。
诗成笔落风雷起,
韵就声游日月钦。
莫道骚人多感念,
知君不负我翰林。

2014-06-07

忆秦娥·建党九十三周年感慨

南湖澈,中华梦醒江山热。
江山热,残阳似血,沧桑更迭。

富民强国心如铁,千秋伟业从头越。
从头越,神州晓月,好梦时节。

2014-06-08

【注释】
此作刊登在 2014 年 7 月 1 日《新华日报》。

七绝·建党九十三周年感怀

南湖放舸唤民醒，
九十三年步未停。
立国兴邦创伟业，
中华崛起耀龙庭。

2014-06-08

七律·建党九十三周年感赋

南湖火种卷云烟,
九十三年写巨篇。
逐蒋驱倭除旧制,
兴邦立国换新乾。
勤廉执政创高效,
法制安民举圣贤。
致力齐圆华夏梦,
神州崛起在明天。

2014-06-08

江楼令·足球世界杯赛感怀

凭栏远眺巴西国,
声鼎沸、旌旗乱舞。
数度皮球入门户,
看球坛劲旅。

平生最爱擂欢鼓,
待回看、中华睡虎。
风雨潇潇人无语,
盼春风几许。

2014-06-19

沁园春·寻芳

六月江南,雨歇云开,放眼寻芳。
看妹家塘里,芙蓉浅露;青荷荫下,丽色深藏。
柳下听风,河边唱曲,远处幽丛暗送香。
刚兴起,恨朱门犬吠,避走仓惶。

萌生几许凄凉,怅小院、花前一堵墙。
叹当年踯躅,情缘未断;今日徘徊,旧景难忘。
醉意浓时,游魂万里,欲与嫦娥入梦乡。
醒来后,听声声怨笛,一诉衷肠。

2014-06-22

七律·晨练小吟

六月春光小苑东,
湖边翠黛逐晨风。
雄儿舞剑轻烟上,
淑女观莲碧色中。
客去偷闲眠树下,
愁来不语立花丛。
奇情涌自胸襟淡,
健笔如飞唱远空。

2014-06-24

醉落魄·巴西足球世界杯赛

巴西盛节,
招来世界同欢悦。
球场激战看豪杰。
亿万球迷,醉话多狂热。

当年劲旅歌悲切,
而今弱者翻新页。
英雄辈出英雄别。
唯有皮球,快乐从无绝。

2014-06-26

七绝·听夜雨二首

夜雨潇潇过睡城,
愁眉辗转盼天明。
风来怒向东窗外,
忽听蛙鸣几度声。

夜静婴啼一两家,
窗台急雨奏琵琶。
无眠忽听东风紧,
小鬼缠身露犬牙。

2014-06-27

【注释】
①睡城:形容深夜的城市非常安静,如同睡去。
②犬牙:犬齿,哺乳类以及与哺乳类相似的动物上下颚门齿及臼齿之间尖锐的牙齿。

七绝·获"百佳诗人"感怀二首

暮里庭园候信风,
喧哗却是寂寥中。
忽听何处人吹笛?
传来捷报慰诗翁。

暮里庭园唱老枝,
春华秋实有穷时。
何愁日尽天无色,
皎月当空写好诗。

2014-06-29

蝶恋花·赞相中人

妩媚多姿莲步慢,
赏景观花,百草低眉叹。
欲问娇容谁在赞,
诗家笔下东风乱。

玉指纤纤椽笔灿,
醉了春天,惹蝶追花恋。
敛尽青山歌不断,
多情却被多情倦。

2014-06-30

满江红·赏花奇想

一朵奇葩,先催报、春来消息。
抬眼望、满含凝露,冶容娇色。
过雨朱颜红欲透,临风细柳妖无力。
笑千芳,妒火腹中烧,谁人识?

回首看,春时节;花怒放,真难得。
尽思量,忽又顿生迷惑。
既使多情频向道,纵然相见空相忆。
还不如、翻跃小阑干,偷偷摘。

2014-07-02

十六字令·六月六三首

民！
热盼君王济苦巡。
谁知道,万岁赴风尘。

王！
野外荒淫落雨乡。
真无奈,暗处晒龙装。

天！
烈日当头鸟不翩。
惊回首,万户晒陈棉。

2014-07-03

【注释】
六月六：据传说,当年乾隆皇帝在扬州荒淫巡游的路上恰遭大雨,淋湿了外衣,又不好借老百姓的衣服替换,只好等待雨过天晴,将湿衣服晒干再穿,这一天正好是阴历六月初六,因此有"晒龙袍"之说。江南地区,经过黄梅天,藏在箱底的衣物容易上霉,于是,家家户户这一天都把箱底的衣物取出来晒一晒。

七绝 · 老夫乐二首

大雨纷飞路客稀。
愚夫慢步颤巍巍。
匆忙向远为何事,
买菜欢迎小女归。

碗勺锅盆奏乐章,
煎炸溜炒满堂香。
三杯下肚欢声起,
一席佳肴尽扫光。

2014-07-05

满江红·卢沟桥事变感赋

晓月凭栏,向西处、山河泣咽。
抬眼望,硝烟骤起,杀声无绝。
四野苍生尸骨冷,千年古国伤悲切。
梦初醒、华夏战旗卷,戈矛揭。

当年耻,虽然雪;今日恨,何时灭?
看海洋浪起,鬼魂还说。
但使龙庭长剑在,誓教倭寇为鱼鳖。
让和平、世代奏高歌,环球悦。

2014-07-07

【注释】
此作刊登在《诗词月刊》2014年第7期。

相思儿令·心弦

我乃笔耕庸者,
何必羡诗仙。
吟唱亦非风雅,
全在拨心弦。

一度壮志齐天,
恨平生、功利流连。
今朝穷尽文章,
有谁能称佳篇?

2014-07-09

五律·闲中吟

暮岁无多事,
才知夏日长。
晨蝉声寂寞,
夜月色凄凉。
渴饮壶中酒,
闲吟锦里章。
忧眠难入睡,
日出梦刚香。

2014-07-11

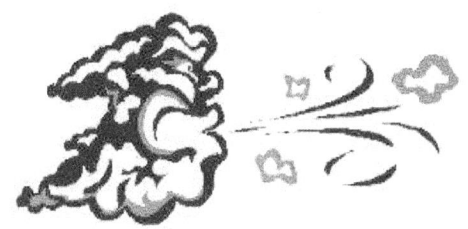

七绝·雨中莫愁湖杂兴二首

雨落湖心烟袅袅,
闲亭阁外柳毿毿。
莲池忽见浓妆女,
粉去颜残好似男。

轻风细雨向湖滨,
柳岸花堤处处新。
独对芳菲翁欲醉,
心中暗唤远方人。

2014-07-12

【注释】
毿毿:音 san san,形容毛发、枝条细长披垂散乱的样子。

南风令·金陵怀古

长嗟叹,万古悲流。
百里江山无数恨,六朝十代不堪留。
谁晓得、南唐后主忧?
梦断金陵,诗文唱绝,听者夜难休!

回首是,十里秦淮。
绣闼雕甍花恨少,几度胜衰歌依旧。
病中吟、何人愁月瘦?
眼底千哀,心头辗转,问我有何求!

2014-07-14

【注释】
①六朝十代:即东吴、东晋,以及南朝的宋、齐、梁、陈,故南京称之为"六朝古都"。后来,南唐、明朝、太平天国、中华民国也在南京建都,史称"十代故国"。
②南唐后主:李煜,南唐国君,史称李后主。一代昏君,却被后人称之为"千古词帝"

七律·高密之歌

东方高密美名扬,
古域新容放异光。
地杰人灵贤圣聚,
文雄画媚众家藏。
山川秀丽招千客,
经济腾飞称百强。
盛世欢歌歌不尽,
和谐社会写华章。

2014-07-15

【注释】
此作系 2014 年"红高粱"诗词大赛参赛作品。

七律·八一建军节感赋

八一枪声震四方,
工农从此着戎装。
横刀逐鹿头悬地,
立马驱倭血染疆。
御敌维和龙虎在,
降灾抢险我担当。
忠心赤胆军魂铸,
力保中华万代强。

2014-07-21

谒金门·晨练心曲

惊拂晓,
窗外唤声纷扰。
踏破铁鞋人未老,
山河分外娇。

往事不论多少,
且向清风一笑。
纵使未来多缥缈,
何需添自恼?

2014-07-24

七律·八一建军节感怀

雄师无处不风流,
义举南昌八七秋。
血染长城青史载,
魂牵百姓美名遒。
戎行上下三千界,
镇守神州第一楼。
更盼刀枪熔耜铁,
横戈待旦远绸缪。

2014-07-26

瑞云浓·我还是我

犹如一梦,
时光仓促而过,
回首人生怎安坐?
无心眷恋,
却只见、眉间还锁。
举目看前途,
把栏杆拍破。

天地茫茫,
穷尽处、残阳似火,
几片浮云化千朵。
逸情飘起,
看远方、翠山婀娜。
历尽沧桑,
我还是我。

2014-07-29

诉衷情·梦亦悲哀

风流小子困秦淮,
久恋瘦形骸。
春光远隔千里
不见燕飞来。

挥秃笔,
展雄才,
抒情怀。
痴心不死,
梦绕书斋,
也是悲哀。

2014-07-29

极相思·谁会聆听

痴情也是豪情,
日日苦随行。
平生无悔,
而今只盼,
柳暗花明。

暮里残阳红似血,
寂寞中、浅唱低鸣。
茅庐一曲,
飞过万壑,
谁会聆听?

2014-07-30

定西番·花非花

瘦骨依然卓绝,
羞弱柳,
笑寒梅,
夺花魁。

浅唱低吟声切,
情丝透绢来。
天下男儿一瞥,
醉千回。

2014-07-31

七绝·赠牛黄先生二首

龙城秀地一诗翁,
好走偏锋亦称雄。
笔下纵情男女事
风流尽在笑谈中。

诗坛览尽数风流,
向远牛黄入眼眸。
怪杰由来情万缕,
芙蓉帐里唱无休。

2014-08-01

【注释】
①牛黄:原名:黄吉韬,1951年生,广西来宾市人。广西作家协会会员、中国散文诗学会会员、柳州散文诗歌学会副会长。他以爱情诗歌见长,著有《乡风温柔》、《相思林》、《正午日记》等。多首作品入选《中外华人华文散文诗大辞典》、《中国散文诗大系》。
②龙城:广西柳州另一别称。

七律·月季赞

素袂蹁跹笑傲天,
初春绽放欲穷年。
蜂鸣倩影三分醉,
蝶舞清香万朵牵。
懒与群花争妩媚,
常同冷雨诉缠绵。
诗翁莫怨霜无道,
回首方知尔是仙。

2014-08-02

鹧鸪天·赠画家陈开平

小屋葱茏春自来,
追云戏水上高台。
晨钟独步行人少,
暮鼓同登看我才。

居陋室,放形骸,
柴门泼墨抒情怀。
百年之后书为枕,
画骨还需画里埋。

2014-08-03

【注释】
①陈开平:男,画家,江苏仪征人,1992年就读于南京艺术学院国画系。现为中国美术研究院研究员,中国香港美术家协会会员、中国指画研究会会员、南京和江苏美术家协会会员。
② 百年:北京土话,死的意思,死的婉词。

诗人简介

祁寿星,笔名愚夫,男,1954年9月出生于南京,中国当代诗人。现为南京诗词学会、江苏诗词协会、中华诗歌会、中华诗词学会、世界汉诗协会等会员。自2008年开始诗词创作,共有千余首诗歌发表在国内各类诗刊杂志以及网络媒体上,并有多首作品在各类诗词大赛中获奖。同时,还有近百首诗词被《中国名胜诗联大观》、《中华诗词库》等书刊收录。著有《寂园星语》、《愚夫的吟唱》、《心灵需要一场雨》,《风痕》四部个人诗集,被世界汉诗协会授予"2013年度百佳诗人"称号。

本集收录了他自2014年以来新近创作的作品,其形式有格律诗词和现代诗歌,内容涵盖了社会和生活的各个方面。愚夫的诗歌风格兼备了豪放悲壮与沉郁顿挫。他的作品无不透着明快清新的格调,内心的审美与语言的抒发达到完美的融汇,体现了诗人在艺术领域执着追求与不断探索的足迹。

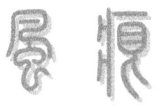

风痕

www.ingramcontent.com/pod-product-compliance
Lightning Source LLC
Chambersburg PA
CBHW031308060426
42444CB00032B/192